BIBLIOTHECA SANGALLENSIS

HERAUSGEGEBEN VON JOHANNES DUFT

ELFTER BAND

«KOSTBAR IST DER TOD»

TRÖSTLICHE GESCHICHTEN VOM STERBEN IM MITTELALTERLICHEN GALLUSKLOSTER

Umschlagbild: Die Frauen erfahren am Ostergrab die Auferstehung Jesu.
Miniatur von Hartker um 993–997 in Cod. Sang. 391, S. 33.

«KOSTBAR IST DER TOD»

Tröstliche Geschichten vom Sterben im mittelalterlichen Galluskloster

Von

JOHANNES DUFT

Alt-Stiftsbibliothekar

2002

STIFTSBIBLIOTHEK ST. GALLEN

Widmung

Ich widme dieses Buch
– es ist mein dreissigstes und letztes –
meinen drei treu besorgten Aerzten
Dr. med. Magnus Bieler
Dr. med. Támas Németh
Dr. med. Raimund Spirig
Ihrem Beistand verdanke
ich in meinem hohen Alter dessen Vollendung.

Inhalt

Beweinung Christi. Titelminiatur, gemalt 1517 von Niklaus Bertschi in Cod. 533, S. 4.

Ein tröstliches Vorwort

Der Tod kann schreckhaft sein – er kann auch tröstlich, versöhnend, erlösend sein. Der Todeserfahrungen sind so viele, wie es Menschen gibt. Und der Bücher über den Tod sind so ungezählte, wie es Chronisten gibt.

Hier soll der unüberblickbaren Fülle nicht ein weiteres – ein vielleicht unnötiges – Buch über den Tod beigegeben werden. Sondern es soll ein kleines, bisher als solches noch nicht eigens hervorgehobenes Sonderkapitel den lokalhistorischen Zeugnissen der reichen, ja überreichen Geschichtsüberlieferung des Klosters St.Gallen entnommen werden: Geschichten vom Sterben im mittelalterlichen Gallus-Kloster.

Dabei handelt es sich nicht um den schreckhaften Tod. Denn trotz aller Realität des Mittelalters – um nicht zu sagen: trotz aller Härte selbst im Sterben heiliger Menschen – war dieser Tod letztlich erlösend, ja tröstlich. Er stand unter der gläubigen Erkenntnis des biblischen Psalmes, den die Sankt-Galler Mönche wöchentlich – bei Todesfällen sogar täglich – im Chorgebet so bekannten: «Kostbar ist in den Augen des Herrn der Tod seiner Heiligen.»

Vom kostbaren Tod

Die christliche Kirche, die aus dem alttestamentlichen Gebetsschatz die hundertfünfzig Psalmen übernommen und in die lateinische Sprache übertragen hat, bekennt im 115. Psalm, Vers 15: «Kostbar ist in den Augen des Herrn der Tod seiner Heiligen.» *(Pretiosa est in oculis Domini mors sanctorum eius).*

Ein schwer verständliches Wort! Dass zwar jeder Todesfall für die Überlebenden – seien es die Angehörigen oder seien es die offiziellen «Entsorger» – kostspielig ist, weil er Kosten verursacht, ist altbekannt. Aber der Psalm verwendet das Wort «kostbar» nicht im Sinn von «kostspielig», das heisst «viel kostend», also «hohe Kosten verursachend», sondern im Sinn von «wertvoll», ja von «köstlich, erfreulich, beglückend». Und in diesem geradezu idealisierenden Sinn ist die Realität des «Todes der Heiligen Gottes» nach Aussage des Psalmes «kostbar», jedenfalls in den Augen dessen, der Herr ist über Leben und Tod.

Allerdings möchte man mit den ungläubigen Jüngern Jesu ihr zwar in anderem Zusammenhang gesprochenes Wort wiederholen: «Diese Rede ist unerträglich, wer kann sie anhören?» Worauf Jesus die Zwölf fragte: «Wollt auch ihr weggehen?» Petrus gab die Antwort: «Herr, zu wem sollen wir gehen? Du hast Worte des ewigen Lebens.» (Joh. 6, 60–68). Zu diesen «Worten das ewigen Lebens» gehört offensichtlich auch der uralte und noch immer gültige Psalmvers: «Kostbar ist in den Augen des Herrn der Tod seiner Heiligen.» Der Psalm hat in den Lebens- und Sterbensgeschichten im mittelalterlichen Kloster St.Gallen vielfachen Glauben erlebt – es sei nun in aller Nüchternheit auf diesen Blättern angedeutet.

Vom lustigen und vom lästigen Tod

Vorerst sei aber im Hinblick auf die christliche Wahrheit vom kostbaren Tod in Erinnerung gebracht, dass derselbe Tod auch lustig und gleichzeitig lästig sein kann: lustig im makabren Sinn der gemalten Totentänze und der dramatischen Streit- und Trostgespräche alter Dichter, lästig und belastend aber auch für alle jene Lebenden und Sterbenden, die hinter dem gemalten und dem literarischen Totentanz den grausamen Riss der Seele aus dem Leib erahnen und schliesslich erleiden.

Lustiger, weil belustigender Tod – es gab ihn im Bild und in der Literatur, allerdings nicht in den Sankt-Galler Quellen. Lästiger, weil belastender Tod – es gab und gibt ihn in der Realität, und dieses auch in St.Gallen. Der Varianten des Lebens und des Sterbens sind unendlich viele; denn jeder Mensch lebt sein eigenes Leben und stirbt seinen eigenen Tod. Sollen wir darob traurig sein? Im Gegenteil! Leben und Sterben nehmen uns ernst. Denn in den Augen Gottes ist der «Tod seiner Heiligen», das heisst: der Tod jener, die an ihn glauben und ihm vertrauen, weder lustig noch lästig, sondern er ist «kostbar». Dank sei dafür gesagt!

Die Geschichten vom Sterben

Sankt Benedikt – Der aufrechte Tod (um 547)

Die beiden ersten Persönlichkeiten, über welche hier im Rahmen der Sankt-Galler Klostergeschichten erzählt werden soll, lebten und starben nicht in St.Gallen und waren doch mit der hiesigen Geschichte und dem klösterlichen Schrifttum unlösbar verbunden: der Mönchsvater Sankt Benedikt und seine heilige Schwester Sankt Scholastika.

Ihre Lebens- und Todesdaten können nur annähernd erfasst werden. Benedikt von Nursia (Norcia) dürfte um 480 geboren worden sein, gründete um 530 auf dem Monte Cassino eine zönobitische Mönchsgemeinschaft, schrieb für sie seine Mönchsregel, die im Kloster St.Gallen im Jahr 747 als «Regula Benedicti» die irische «Regula Columbani» ersetzte und hier bis zur tragischen Säkularisierung um 1805 als Lebensregel befolgt wurde. Benedikt starb an einem 21. März, angeblich 547, möglicherweise etwas später. Sein Leben erzählte um 593 Papst Gregor der Grosse in der damals beliebten Form des Dialogs mit seinem Diakon Petrus – es ist eine «Biographie», die weit mehr Legende als Geschichte sein will. Älteste Abschriften sowohl dieser Dialoge als auch der Mönchsregel Benedikts liegen in der Stiftsbibliothek St.Gallen. Und aus Gregors Dialogen wird auch Scholastika, die Schwester Benedikts, einigermassen bekannt. Sie lebte in klösterlicher Zurückgezogenheit in der Nähe von Monte Cassino, starb kurz vor Benedikts Tod und fand ihre Ruhe in seinem eigenen Grab. Scholastika geniesst trotz ihrer legendären Existenz die Verehrung als Patronin der Benediktinerinnen, also des weiblichen Zweiges der Benediktiner.

Vom Tod Scholastikas und Benedikts

Aus den Dialogen des Papstes Gregor des Grossen.

«Nach ihrer letzten Begegnung bei geistlichen Gesprächen in stürmischer Nacht kehrte die ehrwürdige Frau Scholastika in ihre Zelle zurück, und auch der Mann Gottes Benedikt begab sich in sein Kloster. Als er drei Tage darnach die Augen zum Himmel erhob, sah er, wie die Seele seiner Schwester, vom Leibe geschieden, in Gestalt einer Taube den Himmelsraum durchdrang. Er freute sich über ihre grosse Verherrlichung, dankte dem allmächtigen Gott mit Hymnen und Lobgesängen und zeigte den Brüdern ihr Hinscheiden an. Auch schickte er sie hin, um den Leichnam ins Kloster zu bringen und in das Grab zu legen, das er für sich bereitet hatte.»

«In demselben Jahr, in dem auch Benedikt aus dem Leben scheiden sollte, sagte er einigen Jüngern den Tag seines Todes voraus. Sechs Tage vor dem Tod liess er sich sein Grab herrichten. Alsbald wurde er vom Fieber befallen und von grosser Hitze gequält. Da die Krankheit von Tag zu Tag zunahm, liess er sich am sechsten Tage in das Bethaus tragen, stärkte sich dort für den Tod durch den Empfang des Leibes und des Blutes des Herrn und stand da, die schwachen Glieder unter den Händen seiner Schüler aufrecht haltend, mit zum Himmel erhobenen Händen; unter Worten des Gebetes tat er den letzten Atemzug. An demselben Tag hatten zwei seiner Brüder, der eine in seiner Zelle, der andere in weiter Entfernung, die gleiche Erscheinung: Sie sahen nämlich, wie eine mit Tüchern belegte und von unzähligen Lampen beleuchtete Strasse in östlicher Richtung von seiner Zelle zum Himmel empor führte. Oben stand ein leuchtender Mann in ehrwürdiger Haltung und fragte sie, wessen Weg das sei. Sie antworteten, das wüssten sie nicht. Da sprach er zu ihnen: 'Das ist der Weg, auf dem Benedikt, der vom Herrn Geliebte, zum Himmel empor gestiegen ist.' Begraben, wurde er im Bethaus des heiligen Johannes des Täufers, das er selber nach Zerstörung des heidnischen Apollo-Altares erbaut hatte.»

Aus der Mönchsregel St. Benedikts

Benedikts Leben und Sterben entsprachen dem letzten Satz im Prolog der Regula Benedicti: «So wollen wir uns der Leitung des göttlichen Meisters nicht entziehen, sondern im Kloster bis zum Tod in seiner Lehre verharren und in Geduld am Leiden Christi teilnehmen, damit wir auch verdienen, an seinem Reiche teilzuhaben.»

Dazu der Kommentar von Abt Georg Holzherr in Maria-Einsiedeln (1980): «So schlägt sich im letzten Satz des Vorworts die Sehnsucht gläubiger Christen nach jener Christusverbundenheit und jenen Geistesgaben nieder, die den Märtyrern eigen war. Wir lesen im 'Martyrium des Polykarp' († 156): 'Wir wollen die Märtyrer als Schüler und Nachahmer des Herrn so lieben, wie sie es verdienen, damit auch wir zu ihrer Gemeinschaft gehören und ihre Mitschüler werden'» – im Leben und im Sterben und im glücklichen Überleben.

Sinnspruch aus dem Evangelium (Matthäus 25, 34)

Der Richter wird zu denen auf der Rechten sprechen: «Venite, Benedicti patris mei – Kommt, ihr Gesegneten meines Vaters, nehmt das Reich, das seit der Weltschöpfung für euch bereit ist, in Besitz!»

Sankt Columban – Der versöhnliche Tod (615)

Der irische Abt und Klöstergründer Columbanus, der um das Jahr 590 aus asketisch-missionarischem Impuls mit zwölf gleichgesinnten Mönchen – unter ihnen als sein besonders eifriger Jünger Gallus – die heimatliche Insel verliess, wirkte in Burgund (Luxeuil), erregte aber wegen seiner christlichen Kompromisslosigkeit Anstoss bei den kirchlichen und weltlichen Grossen und zog sich um 610 vorerst an den Zürichsee (Tuggen) und schliesslich an den Bodensee (Arbon, dann Bregenz) zurück. Nun war es Gallus, der im Auftrag seines Meisters wegen gewalttätiger Götzenzertrümmerung die Feindschaft einheimischer Grosser erregte. Deshalb beschloss Columban um 612, Alemannien zu verlassen und über die Alpen in das Reich des Langobardenkönigs Agilulf zu ziehen, wo er in Bobbio, im Hochtal des Flusses Trebbia, sein letztes blühendes Kloster gründete.

Vor dem Aufbruch in Bregenz befiel ein heftiges Fieber den Gallus, weshalb er zurückbleiben musste, ja zurückbleiben wollte – allerdings unter der Strafe seines überstrengen Abtes: Wenn er die Mühsal der Weiterreise verweigere, sei es ihm, solange Columban am Leben bleibe, untersagt, die Messe zu feiern. Gedemütigt und einsam blieb der Fieberkranke zurück. Er verzog sich dann in die Einöde an der Steinach und gründete die Gallus-Zelle, aus welcher Kloster und Stadt St.Gallen entstanden. Und um seine Zelle siedelten sich erste Eremiten an, für welche Gallus ein Oratorium erbaute.

Columban, der trotz seines Aufenthalts am Bodensee niemals in St.Gallen gewesen ist, blieb hier bis heute vielfach präsent: sowohl in den Geschichten um Gallus als auch in den Manuskripten der Stiftsbibliothek, nämlich in der vom Bobbienser Mönch Jonas schon in den Jahren 639–642 verfassten «Vita Columbani», als auch in den beiden Mönchsregeln sowie in den Briefen Columbans. Sein Tod am 23. November 615 ging in die lokalen Nekrologien ein.

Gallus erlebt visionär den Tod Columbans

Aus der Vita sancti Galli von Walahfrid Strabo um 833/834.

«Eines Tages, als die Jünger des Gallus nach dem Morgengottesdienst wieder ihre Betten aufgesucht hatten, rief der Mann Gottes Gallus seinen Diakon Magnoald und sagte ihm: 'Bereite die Feier des heiligen Opfers vor, damit ich das göttliche Geheimnis feiern kann.' Der sagte: 'Wirst etwa du, Vater, die Messe feiern?' Gallus antwortete: 'Nach der Vigil dieser Nacht habe ich durch eine Vision erfahren, dass mein Herr und Vater Columban heute aus der Bedrängnis dieses Lebens zu den Freuden des Paradieses eingegangen ist. Für seine Ruhe muss ich das Opfer des Heiles darbringen.' Das Glockenzeichen wurde geschlagen, sie betraten das Oratorium, warfen sich nieder im Gebet, begannen die Messe zu lesen und bei Gebeten zum Gedächtnis des seligen Columban zu verharren. Als der Gottesdienst beendet war, sagte der ehrwürdige Gallus zum Diakon Magnoald: 'Mein Sohn, mach dich auf den Weg und geh nach Italien, und wenn du zum Kloster kommst, das Bobium heisst, sollst du genau erfragen, was mit meinem Abt geschehen ist. Merke Tag und Stunde, und wenn du erfährst, dass er verschieden ist, so kannst du wohl erkennen, ob meine Vision durch die Wirklichkeit bestätigt wird. Das alles suche in sorgfältiger Nachforschung zu erfahren; dann sollst du zurückkehren und mir Bericht erstatten.' Der Diakon warf sich seinem Lehrer zu Füssen und klagte, er wisse den Weg nicht. Doch der Gesegnete mahnte ihn mit freundlicher Stimme, er solle sich nicht fürchten. 'Zieh hin', sagte er, 'und der Herr wird deine Schritte lenken.' Gestärkt durch diese Tröstung gehorchte der Jünger dem Befehl des frommen Meisters, empfing den Segen und machte sich eilig auf den Weg. Als er ins Kloster Bobbio gelangt war, fand er, dass alles sich ereignet hatte, wie es seinem Vater durch die Vision geoffenbart worden war. Er blieb eine Nacht dort, und er bekam von den Brüdern einen Brief an den seligen Gallus, der das Hinscheiden des ehrwürdigen Columban enthielt. Auch dessen Stab, den man 'cambota' nennt, übersandten sie durch die Hand des Diakons und sagten, der heilige Abt habe vor seinem Verscheiden befohlen, dass Gallus durch dieses bedeutungsvolle Unterpfand losgesprochen werde. So wurde Magnoald von ihnen entlassen, reiste schnell und gelangte am achten Tag zu seinem Herrn und Vater, dem er den Brief mit dem Bericht und das Zeichen der Absolution brachte. Der heilige Gallus las den Brief; sein Herz war voll Liebe zu seinem teuersten Vater, er vergoss reichliche Tränen, versammelte die Brüder und eröffnete ihnen den Anlass seiner Trauer. Seither pflegten sie immer wieder das Andenken des grossen Vaters in frommen Gebeten.»

Columban erleidet die Gebrechen des Alters
Nach Briefen Columbans und der von Jonas verfassten Vita.

«Das fortschreitende Greisenalter mit seinem Gefolge von Plagen und Beschwerden mahnte Columban, daran zu denken, das Ende liege nicht mehr in allzu weiter Ferne. Er hatte anderen so oft gepredigt, das Leben sei nur ein Wettrennen zum Tod; so war er nicht überrascht, als das Ziel auch vor ihm auftauchte. Wohl um diese Zeit muss es gewesen sein, dass er an seinen Freund Sethus die herrlichen Verse richtete, in denen er in den lebhaftesten Farben die mannigfachen Gebrechen und Nöte des Alters schilderte, häufige Krankheitsanfälle, allmähliches Schwinden der Geisteskräfte, Einschrumpfen der Glieder und Steifwerden der Gelenke; allgemeine Schwäche, Herzbeklemmung und Atemnot; schlaflose Nächte und nervöse Tage; beständige Nähe und doch Ungewissheit der Todesstunde... Aus den Schlussversen seiner Epistel an Fidolius geht hervor, dass ihn eine schwere Krankheit befallen hatte, die wahrscheinlich die Ursache seines Todes war... Dann kam der willkommene, der langerbetete Tag, an dem Gott den Verbannten heimrief in das Vaterhaus, in das Land seiner Sehnsucht. Losgeschält von der Welt, reich an Verdiensten und reif für die Krone des Lebens, gab Columban am 23. November 615 seine Seele dem Himmel zurück.»

Sinnspruch aus den Paulusbriefen (Kolosser 3, 12–14)

«Ihr seid von Gott geliebt, seid seine auserwählten Heiligen.
Darum bekleidet euch mit aufrichtigem Erbarmen, mit Güte, Demut,
Liebe, Geduld. Ertragt euch gegenseitig und vergebt einander,
wenn einer dem anderen etwas vorzuwerfen hat.»

Sankt Gallus – Der ergebene Tod (um 650)

Gallus war, wie die Geschichtsquellen übereinstimmend berichten, von Geburt und von Natur Ire, anscheinend Sohn eines Kleinkönigs oder Stammeshäuptlings, verwandt mit der heiligen Brigida, lebenslang beseelt von irischer Kompromisslosigkeit in der Nachfolge Christi: ein selbstloser Eiferer für das Reich Gottes auf Erden und somit ein würdiger Jünger Columbans, des einflussreichsten irischen Lehrers und Glaubensboten auf dem Kontinent.

Gallus, geboren um 550 im nordirischen Ulster, wurde in jungen Jahren dem schriftenkundigen Lehrer Columban im Kloster Bangor anvertraut, empfing wohl mit dreissig Jahren die Priesterweihe und folgte dem asketischen Columban als seinem nunmehrigen Abt. Er war einer seiner zwölf Jünger, die ihrem Meister bedingungslos ergeben waren. Lebenslange Pilgerschaft als Zeugnis und zugleich als Missionierung war sein und ihr Ideal, dem sie ihre eigene Freiheit in die Hände ihres Abtes opferten. So kam Gallus im Gefolge Columbans nach Burgund, wo er seinen Eigenwillen trotz allem Eigensinn aufzugeben versuchte. Und er kam schliesslich nach Tuggen am Zürichsee, wo er in Columbans Auftrag die Götzenbilder zerschlug, gleichfalls über Arbon nach Bregenz, wo er denselben Befehl geradezu gewaltmässig ausführte und damit unbeabsichtigt die Verbannung der Columbaner aus Alemannien verursachte. In Tuggen und in Bregenz hielt Gallus laut Vita die Predigten in der Volkssprache (keltisch oder alemannisch?), woraus die moderne Sprachwissenschaft seine mögliche Herkunft aus dem Raum Vogesen/Elsass in Erwägung zieht. Diesfalls wäre er erst in Burgund (Luxeuil) zu Columban gestossen, hat sich ihm aber bedingungslos unterstellt und hat diesbezüglich im monastisch-missionarischen Sinn als Irenmönch zu gelten.

Tragisch mutet es nun an, wie der seinem Meister in heiligem Gehorsam ergebene Gallus sich wegen eines heftigen Fiebers weigerte, ihm über die Alpen zu folgen. Gallus blieb einsam – unter der von Columbans Unerbittlichkeit vollzogenen Suspendierung von der Messefeier – in Bregenz zurück, ging schliesslich zum Priester Willimar im alten Römerkastell Arbon und errichtete hernach in der Wildnis am Wasserfall der Steinach um 612 eine Einsiedelei.

Von hier aus wurde er – jetzt allerdings ohne jede Gewalt, sondern durch christliche Geduld und Ergebenheit – der Apostel Alemanniens. Damals zählte er gute fünfzig Jahre. Als er starb, soll er laut Vita 95 Jahre alt gewesen sein. Er starb an einem 16. Oktober, um das Jahr 650, aber nicht in seiner Klause zu St.Gallen, sondern im Kastell Arbon, wo er auf Drängen des Priesters Willimar nochmals die christliche Botschaft gepredigt hatte: voller geduldiger Ergebenheit in Gottes und des Volkes Willen.

Gallus erkrankt und stirbt in Arbon

Aus der Vita sancti Galli von Walahfrid Strabo um 833/834.

«Als Gott, der Urheber und Mehrer alles Guten, seinen Streiter Gallus aus dem Kampf der Welt holen und mit dem ewigen Lorbeer seines Lohnes auszeichnen wollte, kam der Priester Willimar zur Zelle des Heiligen und bat ihn, mit ihm zum Castrum Arbon zu kommen. Um zu erreichen, was er wollte, brachte er solcherart Klagen vor: 'Warum, o Vater, hast du mich, der ich mich auf deine mahnenden Worte stütze, geradezu gering geachtet und verlassen und den liebevollen Hörer um die heilsame Belehrung deiner Weisheit gebracht? Jetzt aber weise uns nicht ab, sondern da du durch den Auftrag des Herrn aufgerufen bist, öffne den Verlangenden den Weg der Wahrheit und spende uns das Geschenk deiner gewohnten Güte.' Durch diese Worte des Bittenden gerührt, ging der Freund der Frömmigkeit mit ihm hinunter, und sie kamen zum Castrum. Die Menge wurde herbeigerufen. Am Festtag (das Erzengels Michael) stärkte der Heilige die Herzen der Hörbegierigen durch die wohlklingenden Worte seiner Predigt und kleidete, was er sagte, in solches Licht der Weisheit, dass er mit höchstem Beifall angehört und mit vollster Verehrung sämtlicher Leute bedacht wurde. Als er zwei Tage dort verbracht hatte, wurde er am dritten Tag vom Fieber ergriffen und in kurzem so sehr durch seine Heftigkeit geschwächt, dass er weder zur Zelle zurückgehen noch Speise zu sich nehmen konnte. Als er vierzehn Tage lang an dieser Krankheit gelitten hatte, wurde er am 16. Oktober nach Vollendung von fünfundneunzig Jahren in hohem Greisenalter aus dem Gefängnis dieses Lebens befreit, und er gab seine Seele voll gesegneter Verdienste zurück, auf dass sie ewigen Freuden anhinge.»

Gallus wird in seiner Zelle zu St.Gallen bestattet

Aus der Vita sancti Galli von Walahfrid Strabo um 833/834.

Der Hagiograph Walahfrid erzählt weiter, dass Bischof Johannes von Konstanz, der ehemalige rätische Diakon, der vom bibelkundigen Gallus zum Bischofsamt vorbereitet worden war, die Erkrankung seines verehrten Lehrers erfahren hatte, dass er nach Arbon eilte, aber den Greis nur noch tot antraf. Nach der Totenklage feierte er zusammen mit dem Arboner Priester Willimar in der Kirche den Gottesdienst zum Gedächtnis des Verstorbenen und versuchte, die Bestattung vorzunehmen. Doch die Vorsehung Gottes hatte als Ruhestätte des heiligen Gallus – sie heisst noch heute «Requies sancti Galli» – nicht Arbon, sondern die Galluszelle, die später St.Gallen heissen sollte, bestimmt.

«Als der Bischof den Gottesdienst beendet hatte, schaute er um sich und sah eine Grube, in der sie den heiligen Leichnam beerdigen wollten. Er nahm das Kreuz, und mit all dem, was bei Bestattungsfeierlichkeiten gebraucht wird, wollten sie den kostbaren Leichnam zur Stätte des Grabes bringen. Als sie den Sarg, in dem der Leichnam eingeschlossen war, auf eine Bahre legen und zur Grube zur Bestattung zu bringen versuchten, konnte er mit keiner Gewalt auch nur im geringsten bewegt werden. Während sie diesen neuen Fall eines Wunders miteinander überlegten, sagte Bischof Johannes: 'In Wahrheit erkenne ich, dass dieser Platz für ein Grab meinem Bruder Gallus nicht gefällt.' Und er befahl dem Priester, zwei ungezähmte Pferde zu suchen und herbringen zu lassen. Als das getan war, zäumte man sie mit grosser Mühe und führte sie zu dem Platz, wo der Leichnam lag. Der Bischof mit dem Klerus sprach folgendes Gebet: 'Gott, der du durch die Macht deiner Erhabenheit überall vollkommen bist, dem zuliebe dieser Mann seine Heimat verlassen hat, um deine Gebote zu erfüllen, lass seinen Leib von diesen ungezähmten Pferden an den Platz bringen, den dein Wille seinen Verdiensten bestimmt hat.' Als das Gebet beendet war, antworteten alle Anwesenden: 'Amen.'»

«Nachdem so die Heiligkeit des ehrwürdigen Vaters durch die Offenbarung dieses Zeichens allen, die an seinen Bestattungszeremonien teilnahmen, offenkundig gemacht war, trat der Bischof an die Bahre; er nahm sie auf der einen Seite hoch, der Priester hob sie an der anderen Seite empor, er legte sie den Pferden auf und sagte zu den Umstehenden: 'Nehmt die Zügel von ihren Köpfen, dass sie in Freiheit gehen, wohin der Herr will.' Man nahm Kreuz und Kerzen und machte sich auf den Weg. Die Pferde aber wichen nach keiner Richtung ab und richteten ihren Lauf geradewegs zur Zelle des Gottesmannes. Als sie dort angekommen waren, wurde die Bahre vor dem Oratorium abgesetzt. Seine Jünger hoben die sterblichen Reste des frommen Lehrers auf, trugen sie hinein und setzten sie vor dem Altar nieder. Dann sprachen sie mit dem Bischof ein Gebet für ihn, hoben eine Grube für das Grab zwischen Mauer und Altar aus, und nach den entsprechenden Gebeten bestatteten sie ihn dort. Als alles nach kirchlichem Gebrauch vollbracht war, ging die Menge, die zum letzten Geleit eines so grossen Mannes zusammengekommen war, mit dem Segen des Bischofs beschenkt, nach Hause.»

Sinnspruch aus den Paulusbriefen (Epheser 2, 19f.)

«Ihr seid nicht mehr Fremdlinge und Beisassen, sondern Mitbürger der Heiligen und Hausgenossen Gottes, auferbaut auf dem Fundament der Apostel und Propheten, und Christus Jesus ist der Eckstein.»

Sankt Otmar – Der einsame Tod (759)

Die Einsiedlerzelle, die sich der irische Mönch Sankt Gallus um das Jahr 612 am Wasserfall der Steinach erbaut hatte, wäre zerfallen, seine kleine Mönchsgemeinschaft wäre vermutlich ausgestorben, hätte nicht der Alemanne Sankt Otmar im Jahr 719 mit starker und gütiger Hand eine Neugründung vollzogen. Gallus, der Fremdling, schenkte dem Kloster und der späteren Stadt St.Gallen den Namen; doch ohne Otmar, den Einheimischen, gäbe es heute wahrscheinlich kein St.Gallen und wäre wohl niemals jene Abtei entstanden, die im Reich der Karolinger zu den grossen gehörte. Wie sehr sie ein kulturschöpferischer Brennpunkt war, lässt sich noch heute – zwei Jahrhunderte nach ihrer Aufhebung – an den Dokumenten der Stiftsbibliothek und des Stiftsarchivs ablesen. Darin sind auch das Leben und das Sterben des Abtes Otmar authentisch überliefert.

Otmar (Audomarus – der durch sein Erbgut Berühmte), Sohn einer alemannischen Gutsbesitzerfamilie um Romanshorn-Arbon, möglicherweise verwandt mit Teusinda, der Gemahlin des politisch und kirchlich führenden Praeses Viktor in Churrätien, dürfte um 689 geboren worden sein. Im Kindesalter wurde er von seinem Bruder nach Chur an Viktors Hof gebracht und dort schliesslich zum Priester ausgebildet, bemerkenswerterweise zusammen mit Tello, dem Sohne Viktors und nachmaligen Praeses-Bischof. Seine erste Anstellung fand Otmar an einer Kirche des hl. Florinus. Um 719 erbat ihn der Tribunus Waltram, Kastellkommandant in Arbon und Eigenkirchenherr der Galluszelle, als ersten eigentlichen Abt an das von Otmar nun zum Kloster auszubauende Eremitorium.

Otmar errichtete die Gebäulichkeit für eine geschlossene monastische Gemeinschaft, daneben eine Herberge für die Armen und ein abgesondertes Leprosorium für die Kranken – beide betreute er oft eigenhändig. In seinen vierzig Amtsjahren gelobten nachweisbar 53 Mönche rätischer und alemannischer Abstammung die Profess. Sie befolgten seit 747 die «Regula Benedicti», die im fränkischen Reich seit Karl Martell und seinem Sohn Pippin die Reichsregel war.

Otmar vermochte die materielle Grundlage des wachsenden Klosters zu sichern und zu mehren, indem er reiche Güterschenkungen freier alemannischer Besitzer, die so dem Zugriff des fränkischen Staates entzogen wurden, entgegennahm. Damit machte er sich aber mächtige Gegner: die Grafen Warin und Ruthard, die als karolingische Kommissare Alemannien fester als bisher dem Reich einbanden. Sie verhafteten Abt Otmar, vermochten einen seiner Mönche zu einer falschen Beschuldigung anzustiften und veranlassten durch den zuständigen Konstanzer Bischof Sidonius ein geistliches Gericht. Es verurteilte Otmar wegen eines lügnerisch vorgebrachten Ehebruchs zum Hungertod in der Königspfalz Bodman. Damit begann der Leidensweg des 70-jährigen Abtes, nachdem er sein Kloster während vierzig Jahren erfolgreich auf- und ausgebaut hatte, bis er – anscheinend nach wenigen Monaten – am 16. November im Jahr 759 in bitterer Verbannung einsam starb.

Abt Otmar wird verurteilt und stirbt in der Verbannung auf der Rheininsel Werd

Aus der Vita sancti Otmari von Gozbert um 830 in der Fassung von Walahfrid Strabo um 834/838.

«Als Gott der Herr beschlossen hatte, Otmars Verdienste zu belohnen, beeilte sich der schlaue Feind alles Guten, die Ruhe zu stören, die Otmar im Dienste Christi besass. Aber trotz den Windstössen zeitweiliger Anstürme blieb die Zeder des Paradieses ungebrochen, da Ihre Wurzel am Fels der Wahrheit haftete. Warin und Ruthard nämlich, die damals die Verwaltung ganz Alemanniens besorgten, waren auf des Teufels Anstiftung mit der Krankheit der Habgier befallen und zogen das Vermögen der in ihrem Machtbereich gelegenen Kirchen zum grossen Teil gewaltsam in die Herrschaft ihres persönlichen Eigentums. Sie liessen sogar den Gottesmann Otmar in Fesseln werfen. Zudem überredeten sie einen gewissen Lantpert, der zwar durch das Klostergelübde, nicht aber durch die Heiligkeit seines Lebenswandels zu Otmars Brüdern zählte, dass er ihm in lügnerischer Machenschaft ein Sittlichkeitsvergehen nachsage, womit sie beabsichtigten, eine Gelegenheit zu seiner Absetzung zu finden. Zu diesem Zweck beriefen sie eine Volksversammlung ein.»

«So wurde nun der Mann, verehrungswürdig in Keuschheit, unbescholten in seinem Lebenswandel und hochbejahrt in seiner Charakterreife, mitten in die Versammlung gebracht, und zu seiner Anklage wurde der Lügenknecht Lantpert vorgestellt. Dieser sagte, er kenne eine gewisse Frau, die vom frommen Mann zur Notzucht missbraucht worden sei. Auf diese Bezichtigung soll Otmar keine Antwort gegeben haben. Wie er aber gedrängt wurde, auf die Vorwürfe zu antworten, bestand seine Rede in diesem Ausspruch: 'Ich gestehe, zwar in vielem gesündigt zu haben; doch gegen den Vorwurf dieses Vergehens rufe ich Gott, der mein Geheimstes sieht, zum Zeugen an.' Und weil er erkannte, dass auf seiten der Richter die Geneigtheit zur Anklage offenkundig war, zog er vor, durch Ehrlichkeit seiner Gesinnung dem göttlichen Gericht als durch Zurückweisung seiner Schuld dem menschlichen Gericht zu gefallen. Den Lantpert jedoch packte alsbald die göttliche Rache, auf dass allen einleuchte, Otmars Reinheit sei fälschlich angeschuldigt worden. Denn fiebrige Erschütterungen durchwühlten ihn, die Lebenskraft der Glieder erschlaffte, und er wurde allmählich zum Krüppel. Wie so alle seine Glieder die natürliche Form einbüssten und sein Kopf nach Art der Vierfüsser zur Erde geneigt war, gestand er jederzeit nicht nur durch die Verbildung seiner furchterregenden Gestalt, sondern auch mit lauter Stimme, dass er gegen den Heiligen Gottes gesündigt habe.»

«Nachdem die ungerecht begonnene Gerichtsversammlung noch ungerechter geschlossen war, wurde der Gottesmann Otmar in der Königspfalz beim Landgut Bodman eingekerkert. Weil keinem gestattet wurde, dieselbe zu betreten oder mit ihm zu sprechen, verbrachte er einige Tage ohne Nahrung. Als er so in langwieriger Misshandlung Hunger litt, wagte Perahtgoz, einer seiner Klosterbrüder, nachts herbeizukommen und ihm mit Speise beizustehen. Bald darauf erwirkte aber ein gewisser Gozbert, ein einflussreicher Mann, von den ungerechten Fürsten, dass ihm der Gottesmann anvertraut wurde, und er brachte ihn auf einer Insel des Rheinflusses, namens Stein (Werd), neben seinem Landgut in Gewahrsam. Dort widmete sich der heilige Vater ausschliesslich geistlicher Übung, das heisst dem Beten und Fasten, und diente dem Herrn umso ungehinderter, als er von menschlichem Umgang und irdischen Sorgen befreit war. Mit solchen Werken bewährter Frömmigkeit beschäftigt, ging er nach kurzer Zeit an einem 16. November aus dieser Enge weltlicher Verwirrung in die Weite himmlischer Freude ein. Sein Leichnam wurde auf jener Insel bestattet und verblieb dort während langer Zeit, ohne zu verwesen.»

Der Leichnam des Abtes Otmar wird in sein Kloster heimgeholt
Aus der Vita sancti Otmari von Gozbert um 830 in der Fassung von Walahfrid Strabo um 834/838.

«Nachdem seit Abt Otmars Hinschied zehn Jahre verflossen waren, wurden seine Brüder vom Herrn durch eine Erscheinung ermahnt, den Leib des teuren Vaters in das Kloster zurückzuführen. Deshalb gingen elf jener Klosterbrüder nachts zum Ort hinunter, in welchem die Überreste des heiligen Mannes lagen. Sie öffneten das Grab und fanden seinen Leichnam von jeder Verwesung unversehrt, mit der einen Ausnahme, dass der äusserste Teil eines Fusses, den das Wasser bespülte, wegen veränderter Farbe wie verwesend erschien. In diesem wahrhaft passenden Wunder leuchteten die ersten Anzeichen seiner Heiligkeit auf, und zwar in dem Sinn, dass sein Leib so unversehrt von Verderbnis angetroffen wurde, wie er selber frei gewesen war vom Vergehen, unter dessen Anschuldigung er eine Zeitlang besiegt erschien. Nachdem sich die frommen Brüder einlässlicher über diese ungewöhnliche Sachlage unterrichtet hatten, erhoben sie ehrfürchtig den Leichnam, brachten ihn auf ein Schiff, entzündeten Kerzen und stellten die eine zu seinen Häupten, die andere zu seinen Füssen. Sie stiessen vom Ufer ab und vertrauten sich den unsicheren Gewalten des tiefen Sees an. Als sie sich mit grösster Beharrlichkeit dem Ruderwerk hingaben, brach ein solcher Ansturm von Regen und Winden ein, dass sie kaum an ein Entrinnen glaubten. Doch durch die wunderbare Fügung des allmächtigen Gottes und – wie wir glauben – wegen der Verdienste des heiligen Mannes geschah es, dass sogar die

Elemente dem Befehl ihres Schöpfers dienten und wahrnahmen, welch grossen Mannes Reliquien dort hergeführt wurden. Denn der See, der ringsum vom regenschweren Unwetter aufgewühlt war und seine Wellen hoch aufwarf, bereitete den Ruderern überhaupt keine Mühe; sondern wohin immer das Schiff kam, vertrieb es die Winde und zerdrückte es die heranbrausenden Fluten. Und weil so die Wellendämme, Regengüsse und Windesstürme in beträchtlichem Abstand zurückgehalten wurden, war das Schiff wie mit einem Zaun umgeben, so dass kein einziger Tropfen des heftig niederprasselnden Regens einfiel. Sogar die Kerzen, die zu Ehren des seligen Vaters brennend beim Haupt und den Füssen hingestellt worden waren, verloren ihr Licht solange nicht, bis sein Leichnam in das Kloster getragen wurde.»

«Noch ein anderes Wunder, das der Herr bei derselben Überfahrt des heiligen Leibes den frommen Brüdern offenbarte, bleibt zu erzählen. Als sie sich nämlich bei Anbruch der Essenszeit nach dem Lobgebet zusammensetzten, um durch Nahrung wieder Kräfte zu gewinnen, gedachten sie schliesslich, dem gesegneten Mahl einen tröstlichen Trunk beizufügen. Doch einer der Diener sagte, an Getränken sei schon nichts mehr übrig ausser dem, was in einer kleinen Flasche aufbewahrt werde; davon könnte aber jedem eher nur zum Kosten als zum Trinken verabreicht werden. Da gedachten sie der Wunder des Herrn, wie er mit wenigen Broten zahlreiche Menschenmassen gespeist habe, und liessen vom wenigen, das sie hatten, allen Anwesenden mit Liebe spenden. Und in wunderbarer Weise begann die Tranksame im Gefäss so zu wachsen, dass sie trotz ständigem Ausschenken um nichts abzunehmen schien, bis die Trinkenden von der Menge der Becher überboten wurden. Erstaunt ob der unerhörten Neuigkeit, brachten sie dem Geber alles Guten Lob und schuldigen Dank dar; und sobald sie sich zur Weiterfahrt wandten, hörte der Trank im Gefäss auf. Als sie dann den Hafen des ersehnten Gestades erreicht hatten, erzählten sie den Brüdern, die ihnen mit Gotteslob entgegenkamen, die Geschehnisse der Reihe nach. In gemeinsamer Freudenfeier übertrugen sie den mit grosser Ehre entgegengenommenen Leib des heiligen Mannes in das Kloster und legten ihn in einem Sarkophag zwischen den Altar des heiligen Täufers Johannes und die Wand.

Dort würdigte sich der Herr schon bald darauf, durch dessen wirksame Verdienste Wunder zu offenbaren, die der Erinnerung würdig sind.»

Sinnspruch aus den Psalmen (37, 1–7)

«Erzürne dich nicht über die Bösen und ereifere dich nicht über die Frevler. Befiehl dem Herrn deine Wege und hoffe auf ihn. Er wird es machen: Er lässt wie Licht dein Recht aufgehen und deine Rechtfertigung wie Mittagshelle. Sei still vor dem Herrn und harre auf ihn.»

Abt Otmar (†759). Randzeichnung von Caspar Hagenbuch um 1549 in Cod. Vad. 677a, S. 48.

Abt Salomon (†919). Randzeichnung von Caspar Hagenbuch um 1549 in Cod. Vad. 677a, S. 80.

Abt Berchtold von Falkenstein (†1272). Randzeichnung von Caspar Hagenbuch um 1549 in Cod. Vad. 677a, S. 181.

Abt Franz Gaisberg († 1529). Randzeichnung von Caspar Hagenbuch um 1549 in Cod. Vad. 677a, S. 383.

Bischof Sidonius – Der schmähliche Tod (760)

Nicht allein die Reichsgrafen Warin und Ruthard waren in den Jahren 746–760 Gegner des Abtes Otmar von St.Gallen, sondern auch Bischof Sidonius von Konstanz: dieser allerdings nicht aus persönlichen und nicht aus kirchenrechtlichen, sondern aus wirtschaftlichen Gründen. Konstanz, das grösste deutsche Bistum, damals auch das alemannische und zugleich das fränkische Bistum, war wirtschaftlich schlecht dotiert – im Unterschied zur Abtei St.Gallen, die vor allem in den vierzig Abtsjahren Otmars – nicht zuletzt aus politisch-patriotischen Motiven – einträglichen alemannischen Grundbesitz geschenkt erhielt; die erhaltenen Urkunden bezeugen es noch heute. Nach Otmars Absetzung vermochte der Bischof, der bereits Abt des Klosters auf der Reichenau geworden war, die Abtei St.Gallen als konstanzisch-bischöfliches Eigenkloster zu usurpieren und den Reichenauer Mönch Johannes als Abt einzusetzen. Äusseres Zeichen der Abhängigkeit war der jährliche Zins, den St.Gallen an die Bischofskirche zu zahlen hatte; erst 854 wurde durch König Ludwig den Deutschen die letzte Zinsverpflichtung aufgehoben.

In den Zusammenhang mit dem tragischen Lebensende des Abtes Otmar (759) wird in den st.gallischen Geschichtsquellen auch der Hinschied des Bischofs Sidonius (760) gestellt. Es scheint ein eher beschämender Hinschied gewesen zu sein, wobei allerdings eine gewisse Schadenfreude der St.Galler offensichtlich ist. Sie zeigt sich im zweiten Buch der Gallus-Vita von Gozbert und Walahfrid Strabo (über die Wunder am Gallus-Grab) sowie in der Klostergeschichte von Ratpert (Casus monasterii sancti Galli) aus demselben 9. Jahrhundert.

Bischof Sidonius von Konstanz erleidet in St.Gallen eine todbringende Kolik

Aus den Miracula sancti Galli von Gozbert vor 830 in der Fassung von Walahfrid Strabo nach 833/834.

«Nachdem also Otmar solcherweise den menschlichen Dingen entrückt war, behielten die vorgenannten Grafen den der heiligen Stätte entzogenen Besitz zurück, setzten einen gewissen Mönch Johannes aus dem Nachbarkloster (Reichenau) an seine Stelle und stifteten Sidonius, den Vorsteher der Konstanzer Kirche, auf, das Kloster (St.Gallen) dem Bistum zu unterwerfen. Der Bischof stimmte ihren Einflüsterungen gerne zu, drang in das Kloster ein und begann die Brüder zu bedrücken und den Ort der Verwaltung des Bistums zu unterstellen... Als er später die seiner Zwingherrschaft widerstrebenden Mönche wie Rechtsbrecher mit vielfacher Gewalttat zu behandeln versuchte, gelangte Tello, der Bischof der Churer Kirche (der Sohn des Praeses Viktor, an dessen Hof Otmar erzogen worden war), mit der demütigen Bitte an ihn, er möge ihm zuliebe, weil einige Klosterbrüder mit ihm blutsverwandt waren, von deren ungerechter Behandlung ablassen und den Dienern Gottes keinen Schaden zufügen. Wutentbrannt wies er dieses Gesuch stolz zurück und liess ihm sagen, er gehe mit seinen Bitten keinesfalls einig, sondern werde über die Widerstrebenden eine rasche Strafe für ihre Missachtung verhängen. Und alsbald ging er, als ob er beten wollte, in die Kirche des seligen Bekenners Gallus und trat vor den seinem Namen geweihten Altar. Doch weil er heilsame Erhörung nicht verdiente, zog er das Bedrängnis, das er den andern beizufügen geschworen hatte, in angemessener Vergeltung sich selber zu. Denn seine Eingeweide gerieten wie ein über das Feuer gestellter Kessel in Wallung, und plötzlich befielen ihn so schreckliche Bauchkrämpfe, dass er ohne die Hilfe anderer unmöglich hinausgehen konnte. Sondern die natürliche Entleerung – man schämt sich, es zu sagen – brach mit garstigem Drang hervor und belästigte die Anwesenden mit solchem Gestank, dass er unverzüglich aus der Kirche gestossen und auf einen Wagen geladen wurde, um auf seine eigene Bitte vom Kloster möglichst fortzukommen. Und so schied er, wegen des unmässigen und geradezu unnatürlichen Durchfalls auf einem Kotkübel sitzend, und wurde in das benachbarte Kloster Reichenau gebracht. Als sich die Krankheit dort noch verschlimmerte, wurde er seinen Dienern wegen des schrecklichen Gestankes so unerträglich, dass ihm fast keiner mehr die gewohnten Dienste leisten konnte. Gepeinigt von solcher Strafe zur Vergeltung seiner Machenschaften, hauchte er nach einigen Tagen seinen Geist aus der Kloake des Leibes.»

Sinnspruch aus den Psalmen (37, 35f.)

«Ich sah den Frevler, bereit zur Gewalttat, aufgereckt wie die Zeder des Libanon. Doch als ich wieder vorüber ging, siehe, da war er dahin und war nicht mehr zu finden.»

Magister Iso – Der Tod in der Fremde (871)

Die vornehmste Aufgabe des benediktinischen Mönchtums war und ist das «Opus Dei»: der Gottesdienst in seinen vielfältigen Formen, bei Tag und Nacht, jahraus jahrein. Dazu gesellte sich seit den weisen Anordnungen Karls des Grossen († 814) auf Veranlassung seines Beraters, des angelsächsischen Mönches Alkuin († 804), der Bildungsauftrag. Er betraf sowohl die religiöse Unterweisung des Volkes als auch besonders die theologische und profanwissenschaftliche Schulung der ausgewählten Jugend: des klösterlichen Nachwuchses und der Priester und Beamten in Kirche und Staat. Entsprechend angesehen waren die Träger und Vermittler dieser Bildung: die Mönche im Lehramt. Ekkehart IV., der selber erfolgreicher Lehrer sowohl am erzbischöflichen Hof in Mainz als auch vor allem im Kloster St.Gallen war, liefert in seinen «Casus sancti Galli» geradezu eine Schul- und Literaturgeschichte der st.gallischen Hochblüte im 9. und 10. Jahrhundert, dabei auch der Tätigkeit beteiligter Magistri, so beispielsweise des Iso, den er als «doctor nominatissimus», als den berühmtesten Gelehrten seiner Zeit preist.

Iso, aus angesehener Thurgauer Familie stammend, die zu den Wohltätern des Gallus-Klosters gehörte, war als junger Mönch vorerst Lehrer in der inneren Klosterschule für den klösterlichen Nachwuchs, hernach Leiter der äusseren Klosterschule für die angehenden Bischöfe, Weltpriester und Staatsbeamten: fordernd und fördernd in beiden Schulen, schliesslich so angesehen, dass ihn Rudolf I., der angehende König von Hochburgund, von dem ihm verwandten Abt Hartmut in St.Gallen als Lehrer in das Jura-Kloster Moutier-Grandval (Münster-Granfelden) erbat. Dort «lechzten die Geister von ganz Burgund und ebenso von Gallien nach seinem Unterricht». Mit der Lehrtätigkeit verband Iso dank medizinischer Kenntnisse ärztliche Wirksamkeit. So vermochte er einen erblindeten Knaben mit einer Salbe wieder sehend zu machen – wobei allerdings nicht an organische Blindheit zu denken ist, sondern an die schmerzhaften Augenentzündungen infolge des Rauches in den Wohnstätten.

Der Tod ereilte Iso in Moutier-Grandval nach Ekkehart «eher vorzeitig», jedenfalls nach Aussage der «Annales Sangallenses» am 14. Mai 871. Und dort fand Iso sein vorläufiges Grab, nicht wie erhofft auf dem heimatlichen «Friedhof des heiligen Gallus». In Moutier hatte der tote Iso keine Ruhe. Sein Leib wurde als der eines Heiligen in eine andere Kirche übergeführt. Sie blieb aber schon Ekkehart unbekannt, und ein Kult ist nirgendwo festzustellen. Einzig in St.Gallen wurde Iso zeitweise als Seliger verehrt.

Magister Iso stirbt zu seinem Bedauern nicht im heimatlichen St.Gallen, sondern im fremden Kloster Moutier-Grandval
Aus den Casus sancti Galli von Ekkehart IV. vor 1050.

«Iso verharrte schliesslich manche Jahre hindurch bei seiner menschenfreundlichen Pilgerschaft in Moutier-Grandval. Und sooft er zu den ihm gesetzten Terminen sein Kloster St.Gallen, den Abt und die Brüder besuchte, sah er, gestärkt durch ihren Segen, seine Schüler wieder, die ihn mit Sehnsucht erwarteten. Endlich aber nach Fügung dessen, der das Ziel gesetzt, welches sich nicht überschreiten lässt, ward Iso von Krankheit dahingerafft. Und er starb zum Schmerz von gar vielen hier und dort, während er noch in rüstigen Jahren stand, höchlich betrübt darüber, dass er dem eigenen Kloster ferne war und sein Grab nicht auf dem Friedhof des heiligen Gallus finden durfte. Von überallher scharten sich seine Schüler zusammen, als er in der Kirche des heiligen Germanus (zu Moutier-Grandval) bestattet wurde. Wie er dort dann in Wundern erglänzte, wurde sein Leib insgeheim, wie es heisst, nach Burgund in die Kirche eines mächtigen Mannes übergeführt. Zwar liegen hierfür nur zweifelhafte Beweise vor; dennoch haben wir es nicht übergehen wollen. Aber so viel steht fest, dass er nicht mehr in dem Grab ist, worin man ihn beigesetzt hat.»

Sinnspruch aus barocker Volksweisheit

Venit mors velociter,	*Der Tod kommt schnell,*
rapit nos atrociter,	*raubt auf der Stell,*
nemini parcetur.	*und niemanden verschont er.*

Abt-Kanzler Grimalt – Der würdige Tod (872)

Grimalt, aus hochadeliger rheinfränkischer Familie stammend, ausgebildet in der Hofschule Karls des Grossen und in der Reichenauer Klosterschule, Kapellan am Kaiserhof Ludwigs des Frommen und Kanzler Ludwigs des Deutschen im ostfränkischen Königreich, war Weltpriester, nicht Mönch. Trotzdem stand er dank königlicher Einsetzung mehreren Abteien vor, so seit 841 St.Gallen, wo ihn die Mönche zu schätzen begannen, weil er dem Kloster politisch, wirtschaftlich und wissenschaftlich zu hoher Blüte verhalf. Sein gleichgesinnter, edler Stellvertreter war der von den Mönchen gewählte alemannische Mönch Hartmut, der nach Grimalts Tod sein Nachfolger wurde. Als sich Grimalt 870 von der Reichskanzlei zurückzog, begab er sich in das ihm unterstellte Kloster St.Gallen, wo er noch zwei Jahre zur Erbauung der Mönche wie einer der ihrigen lebte, bis er am 13. Juni 872 würdig starb. Der zeitgenössische klösterliche Geschichtsschreiber Ratpert bezeugt es in den von ihm begonnenen «Casus monasterii sancti Galli» anerkennend.

Kanzler Grimalt stirbt als Abt-Resignat im Kloster St.Gallen
Aus den Casus sancti Galli von Ratpert um/nach 884.

«Nach dem Verlauf der Zeiten begann Abt Grimalt, der schon zahlreiche Tage des Alters hinter sich hatte, eifrig in unserem Kloster zu verweilen. Denn er wünschte, die restliche Zeit seines Lebens in Ruhe durchzustehen und im Dienste Christi zu vollbringen. Hartmut, sein bisheriger Stellvertreter und nun sein Nachfolger, erfüllte an seiner Stelle alle Verpflichtungen und die Reisen sowohl an den Hof als auch im Heerdienst und übernahm die Besorgung aller Geschäfte. Obwohl Grimalt noch andere Orte und Klöster (die Residenzstadt Regensburg und die Abteien Weissenburg und Ellwangen) unter seiner Botmässigkeit hatte, wünschte er doch, in unserem Kloster das Ende seiner Tage abzuwarten. Er begann eifrigst, sich in den monastischen Disziplinen zu üben. Und obwohl er dem Kleide nach nicht Mönch war, lebte er in Wandel und Gelübde als Mönch. An den Gebetsübungen nahm er oftmals teil. Im Almosenspenden besass er einzigartige Grosszügigkeit – so sehr, dass er Vater der Armen genannt wurde, und er war es auch wirklich. An solchen und anderen Fortschritten in allen Tugenden täglich wachsend, stieg der Greis, voll an Jahren, auf den Ruf des Herrn im Bekenntnis des wahren Glaubens aus diesem Licht – wie wir glauben – zur Höhe des ewigen Lichtes. Er ruht, in demselben Kloster mit aller gebührenden Ehre und Ehrfurcht bestattet, im Herrn. Sein Übergang vollzog sich am Freitag, dem 13. Juni im Jahr 872 der Menschwerdung des Herrn, am frühen Morgen. Er leitete unser Kloster glücklich während einunddreissig Jahren.»

Sinnspruch aus der Apokalypse (14, 13)

«Selig sind die Toten, die im Herrn sterben. Fürwahr, so spricht der Geist, sie sollen ausruhen von ihren Mühen, denn ihre Werke folgen ihnen nach.»

Der junge Mönch Wolo – Der Tod aus Heimweh (876)

Der junge, begabte, lebensvolle Grafensohn Wolo war ein Opfer der in der «Regula Benedicti» vorgesehenen und während vieler Jahrhunderte befolgten Praxis der «pueri oblati»: der oft schon im Kindesalter von ihren Eltern dem Kloster für ihr ganzes Leben «Dargebrachten». Die Folgen dieser unwiderruflichen «Darbringung» konnten für die Betroffenen physisch und psychisch verheerend sein – das Schicksal des jungen Wolo war eines unter vielen. Er litt unter Heimweh und sehnte sich nach Freiheit und Selbstbestimmung. Weder seine besorgten Eltern noch seine gestrengen Lehrer, selbst nicht der gütige Notker, der eine ähnliche Jugend erlitten haben mochte, konnten seine als Trotz missverstandene Sehnsucht bändigen. Nicht gute Worte, nicht harte Schläge bewirkten eine schliessliche Fügung in das Unvermeidliche.

Als Wolo eines Tages bei der mit höchster Disziplin auszuführenden Schreibarbeit im Scriptorium sass, sprang er unvermittelt auf, eilte zum Glockenturm, der ihm wenigstens für die Augen Fernsicht bot, fiel aber durch die hölzerne Decke in die Kirche hinunter und brach sich das Genick. Ekkehart, der in seinen Klostergeschichten («Casus sancti Galli») davon geradezu mitleidsvoll berichtet, lässt offen, wie viel an absichtlichem Selbstverschulden dem Wolo zuzuschreiben war. Oder er verschleiert es mit dem Hinweis auf den Teufel. Jedenfalls war das ganze Geschehen für die Klostergemeinschaft erschütternd; denn man notierte es neben zwei hochpolitischen Einträgen aus der Reichsgeschichte sogar in den klösterlichen Annalen, wo zum Jahr 876 geschrieben steht: «Volo cecidit – Wolo stürzte ab.»

Wolo bricht sich beim Sturz vom Glockenturm das Genick, Notker betreut den Sterbenden

Aus den Casus sancti Galli von Ekkehart IV. vor 1050.

«Zur selben Zeit (als der zarte Notker Balbulus mit den Dämonen zu kämpfen hatte) lebte im Kloster ein junger, wohlgebildeter Mönch, ein Grafensohn namens Wolo. Er war ein unruhiger und unsteter Geist, und seinem inneren Trotz konnten weder der Dekan noch der Herr Notker noch die übrigen gebieten. Während er häufig mit Worten und Schlägen gezüchtigt wurde, ohne dass er sich läuterte, tat es allen leid um den Mann, der so schöne Begabung zeigte. Bekümmert über ihn, kamen Wolos Eltern in das Kloster, und während er bei ihren Ermahnungen wohl etwas in sich ging, war er nach ihrem Weggang wieder der alte. Nun aber erschien eines Tages in der Frühe der Teufel dem Herrn Notker und sprach: 'Eine böse Nacht will ich dir und deinen Brüdern besorgen.' Jener entgegnete: 'Böser Vogel pflegt böse Kunde zu melden.' Doch gab er das Gehörte warnend den Brüdern bekannt, damit sie sich an dem Tag in acht nähmen. Da Wolo gleichfalls davon reden hörte, sagte er: 'Greise faseln ewig hohles Zeug.' Es war aber just ein Tag, da ihm der Dekan, wie alle wussten, untersagte hatte, aus der Klausur irgendwohin zu gehen, wie er gewöhnlich tat. Als er nun beim Schreiben sass, war die letzte Zeile, die er schrieb: 'Incipiebat enim mori' ('Er lag im Sterben' – Joh. 4, 47). Sogleich sprang er auf, indes ihm die anderen zuriefen: 'Wohin jetzt, Wolo, wohin?', und begann über die Stufen zum Glockenturm der Galluskirche hinaufzusteigen; denn da er schon nicht hinausgehen durfte, wollte er die Berge und die Fluren ringsum mit den Augen schauen, um seinen unsteten Sinn wenigstens so zu befriedigen.»

«Wie er aber emporstieg und über den Altar der Jungfrauen gelangt war, stürzte er, wohl auf Einwirkung des Teufels, durch die Holzdecke hinunter und brach sich den Hals. Viele hatten es gesehen oder gehört und liefen herbei. Da man ihm eilig die Wegzehrung brachte, legte er die Beichte ab und empfing das Abendmahl. Doch als sie ihn hinaustragen und zum Krankenhaus bringen wollten, sagte er: 'Lasst mich zuvor die heiligen Jungfrauen anrufen! Denn sie wissen, dass ich bei all meiner Verruchtheit doch nie ein Weib berührt habe.' Derweil er laut wehklagte, eilte Notker herbei, und ihm streckte Wolo die Hände hin: 'Dir, mein Herr', sagte er, 'und den heiligen Jungfrauen, die du allezeit lieb hattest, befehle ich meine sündige Seele.' Notker warf sich bei ihm nieder und sprach: 'Ihr heiligen Jungfrauen, auf euch vertraue ich, und so nehme ich die Vergehen dieses Bruders auf mich und gebe uns beide in euere Hände.' Bei diesen Worten weinte und klagte er laut. Da man Wolo hinausbrachte, bat dieser vor dem Portal um eine Weile Rast, und während er Notker ganz fest bei der Hand hielt, gab er unter den Gebeten der Brüder seinen Geist auf. Bei der Totenfeier war es Notker, der ihn wusch und auf die Bahre legte; selber hielt er das Totenamt und besorgte sein Begräbnis, und immer, sein Leben lang, hat er dargetan, dass er in seiner Person die Pflichten zweier Mönche zu erfüllen habe. Am siebenten Tage aber nach dem Tod des Mannes verharrte er während der Nacht hindurch in der Kirche, und da er um die Zeit der nächtlichen Laudes sich für ein Weilchen auf den Knien ausruhte, dünkte ihn, Ratpert erscheine und wecke ihn mit den Worten: 'Ihm sind viele Sünden vergeben, denn er hat viel geliebt' (die Worte Jesu über die Sünderin Magdalena, Lucas 7,47). Da sang Notker still für sich: 'Te Deum laudamus' und weinte vor Freude. Wie es dann Tag geworden war, offenbarte Notker seinem Freunde Ratpert, was er erlebt hatte. Und zuletzt blieb diese Hoffnung, die so tröstlich war, auch den übrigen Brüdern nicht verborgen.»

Sinnspruch aus dem Buch Jesus Sirach (7, 33f.)

Zu Notker Balbulus: «Schenk jedem Lebenden deine Gaben, und auch dem Toten versag deine Liebe nicht! Entzieh dich nicht den Weinenden, vielmehr trauere mit Trauernden!»

Bischof Landaloh – Der Tod in der Heimat (vor 883)

Abt Hartmut, vorerst der Stellvertreter und dann in den Jahren 872–883 der Nachfolger des Kanzler-Abtes Grimalt, hernach zurückgezogen als frommer Inkluse und gestorben nach 895, war verwandt und befreundet mit Bischof Landaloh. Von diesem erzählt Ekkehart IV. in seinen «Casus sancti Galli» – es ist der einzige überlieferte Bericht, in seiner Kürze zwar recht ansprechend, aber wie gewohnt ohne nähere Daten. Ekkehart nennt Landaloh «den frommen Erzbischof von Treviso», einen im Kloster St.Gallen erzogenen Schwaben adeliger Herkunft. Zwar waren die Bischöfe von Treviso nicht Erzbischöfe, und Landalohs Name ist dort nicht überliefert. Aber das spricht nicht gegen Ekkeharts Nachricht; denn die Bischöfe von Treviso waren in jenen Jahrhunderten (bis 1389) meistens «deutsche Feudalherren». Die karolingischen Herrscher besetzten die wichtigeren italischen Bischofssitze mit ihren Landsleuten. Ein für St.Gallen bemerkenswertes Beispiel ist der ehemalige Reichenauer Mönch Liutward, der als Bischof von Vercelli und Kanzler des Kaisers Karl III. (des «Dicken») 883 das Gallus-Kloster besuchte; ihm widmete Notker Balbulus 884 seinen «Liber Ymnorum». Landaloh starb, als Hartmut noch Abt war, also vor 883. Und der Name eines Donators Landaloh steht in zwei noch erhaltenen Schenkungsurkunden, die kein Geringerer als dieser Notker unterschrieben hat: 870 schenkte ein Landaloh Besitztümer im Zürichgau an die Abtei St.Gallen.

Bischof Landaloh von Treviso stirbt auf der Rückreise aus Italien unversehens in Rorschach und wird im Kloster St.Gallen bestattet
Aus den Casus sancti Galli von Ekkehart IV. vor 1050.

«Einiges über Landaloh, den frommen Erzbischof von Treviso, zu schreiben, halte ich für unentbehrlich. Er war ein Schwabe und von Adel, in St.Gallen erzogen und unterrichtet, indes Windisch nebst vielem anderen sein Eigenbesitz war. Nun also Bischof geworden, pflegte er regelmässig nach Rom zu ziehen; da nahm er dann den Hinweg über den Grossen St.Bernhard, kehrte aber über den Septimer zurück, um jeweils seinen Gallus und Hartmut (das Kloster und den Abt) zu grüssen. Er tat auch das Gelöbnis, dem heiligen Gallus das Dorf Lolingen zu schenken; allein seine Sippe widersetzte sich, und so übertrug er aus erworbenem Besitz einige Güter an einen Grafen Ulrich, der im Tausch dafür Aadorf zusammen mit eben diesen Gütern für St.Gallen aussetzen sollte. Endlich aber kam Landaloh einmal wieder von Rom, und da er den Weg zu seinem Gallus(-Kloster) nahm, wurde er zufolge des schlechten italienischen Klimas vom Fieber ergriffen. Mit letzter Not vermochte er nach Rorschach zu gelangen, wo er Hartmut und die Brüder zu sich rief und in rühmlicher Weise verschied. Er vermachte, wie er noch lebte, der auf dem St.Galler Friedhof befindlichen Kirche St.Peter, wohin er schon unterwegs war, den Tragaltar, den er auf seinen Reisen gebrauchte, mit Reliquien und Büchern und allen heiligen Geräten, und in dieser Kirche ist dann auch sein Leib mit aller Ehre beerdigt worden. An seinem siebenten Tage, heisst es, stand ein Gehirnkranker, der auf sein Grab niedersank, gesund wieder auf. Auch andere Krankheiten sollen dort oft durch seine Verdienste geheilt worden sein... Als Abt-Resignat Hartmut zu sterben kam, bat er, nahe bei Bischof Landaloh, seinem Verwandten und Freund, der in der Apostel-(Petrus-) Kirche beigesetzt war, begraben zu werden, allerdings ausserhalb der Wand (aus Bescheidenheit als Nicht-Heiliger).»

Sinnspruch aus dem Hebräerbrief (13, 14f.)

«Wir haben hienieden keine bleibende Stätte, sondern wir suchen die zukünftige. Durch Jesus Christus lasst uns Gott allezeit das Opfer des Lobes darbringen, die Frucht der Lippen, die seinen Namen preisen.»

Magister Ratpert – Der versicherte Tod (um 900)

Wie das Stichwort «Der versicherte Tod» andeuten will, gibt es nicht erst heute die Lebens- und die Todesfallsversicherungen, diese allerdings auf finanzieller Basis, sondern gab es schon im Mittelalter die Versicherung im Hinblick auf den Tod, damals jedoch als geistliche Vorsorge auf ideeller Basis. Es waren die Gebetsverbrüderungen, die sogenannten «Confraternitates» zwischen klösterlichen Gemeinschaften, denen sich auch Laien wie ganze Familien der herrschenden Geschlechter einfügen konnten. Man versprach sich geistliche Hilfe über den Tod hinaus in Messopfer, Gebet und guten Werken. Die Zehntausenden von Namen schrieb man «pro memoria» in die Verbrüderungsbücher, die «Libri confraternitatum»; und man las sie an den jährlichen Todestagen vor und legte sie auf den Altar. Im St.Galler Stiftsarchiv liegt das klösterliche Verbrüderungsbuch, das aus einem älteren Buch aus der Zeit um 800 und einem jüngeren aus der zweiten Hälfte des 9. Jahrhunderts besteht. Und dort liegt gleichfalls das noch etwas ältere Verbrüderungsbuch aus dem Kloster Pfäfers: der «Liber viventium Fabariensis». Beide sind unerschöpfliche Quellen für Klöster-, Reichs- und Sozialgeschichte, ebenso für Familiengeschichten, die zudem in das Thema vom christlichen Sterben im gläubigen Sinn des «kostbaren Todes» gehören.

Neben dieser institutionalisierten Versicherung unter Gemeinschaften gab es selbstverständlich auch die private, die auf persönlicher Freundschaft beruhte, beispielsweise zwischen einem begabten Lehrer und seinen zu Erfolgen gekommenen Schülern; es war geistlicher Dank für geistige Führung und Förderung. Ein edles Beispiel liefern die ehemaligen Schüler des Klosterlehrers Ratpert in St.Gallen, wovon Ekkehart IV. in seinen «Casus sancti Galli» kurz und doch liebevoll berichtet.

Ratpert, geboren um 840/850, früh in das Gallus-Kloster gekommen, hier der älteste im Freundeskreis mit Notker Balbulus und Tuotilo, war Dichter lateinischer Hymnen und eines althochdeutschen (nur noch lateinisch umgedichtet erhaltenen) Gallusliedes. Zudem war er der erste Geschichtsschreiber seines Klosters: «De origine et diversis casibus monasterii sancti Galli». Ihm folgten Ekkehart IV. und Fortsetzer bis zum Ende des Mittelalters. Schulmeister seit seinen Jünglingsjahren, war Ratpert laut Ekkehart IV. als Lehrer «offen und wohlwollend», anscheinend besonders tätig in der äusseren, der «kanonischen» Schule, wo die angehenden «Canonici» ausgebildet wurden. Es waren die in der Königskapelle und an den Fürstenhöfen sowie an den bischöflichen Kathedralen tätigen Kapläne, die Kapitel- und die Domherren. Obwohl Ratpert als streng galt, war er geschätzt und beliebt, was sich bei seinem Tod um 890 ergreifend schön zeigte.

Magister Ratpert, zwar streng, aber wohlwollend, wird von seinen ehemaligen Schülern des Gedenkens versichert

Aus den Casus sancti Galli von Ekkehart IV. vor 1050.

«Ratpert, als Lehrer offen und wohlwollend, war in der Disziplin doch recht streng. Emsig in der Schule, kümmerte er sich meist nicht um Tagzeiten und Messen, indem er sagte: 'Gute Messen hören wir, sooft wir lehren sie zu halten.' Und obwohl er als grösstes Verderben für ein Kloster die Straflosigkeit bezeichnete, kam er doch nur, wenn man ihn rief, zum Kapitel; denn ihm sei, wie er sagte, das schwierige Amt, zu kapiteln und zu strafen, anvertraut. ... Dieser Ratpert nun, ein heiliger Mann, ging schon krank in der Klausur des heiligen Gallus umher, ohne doch seinen Unterricht aufzugeben. Wie dann vierzig seiner ehemaligen Schüler, nunmehr priesterliche Kapitelherren («canonici presbyteri»), zu einem festlichen Anlass ins Kloster kamen, befahl er seine Seele in ihre Hände; denn jeder einzelne von ihnen hatte ihm dreissig Sterbemessen versprochen. Indem er Gott bat, ihn durch die Krankheit noch weiter zu läutern, ward er zum glänzendreinen Brot und ging also in aller Freudigkeit unter den Händen der Schüler hinüber ins Paradies, wie wir glauben. Notker und Tuotilo neben den anderen Brüdern, die er in Trauer zurückliess, taten viel für sein Heil.»

Dazu Ildefons von Arx (1810): Ratpert war ein Lehrer, «der unter die aufgeklärtesten Männer seines Zeitalters gehörte... Er schrieb in elf Hauptstücken die Geschichte des Klosters St.Gallen bis auf seine Zeit, ein vortreffliches und allenthalben benütztes Buch.»

Sinnspruch aus dem Propheten Daniel (12, 2f.)

«Viele von denen, die im Erdenstaub schlafen, werden erwachen: die einen zum ewigen Leben, die andern zur Schmach. Die aber einsichtig waren, werden strahlen, wie der Himmel strahlt. Und die Männer, die viele zum rechten Tun unterwiesen haben, werden leuchten wie die Sterne von Ewigkeit zu Ewigkeit.»

Notker Balbulus – Der ersehnte Tod (912)

Der erste des traditionsreichen Namens Notker im Kloster St.Gallen, genannt Notker Balbulus – der Stammler, heute verehrt als Notker der Dichter, Verfasser und Vertoner von vierzig lateinischen Sequenzen für die festlichen Messefeiern im Verlauf des Kirchenjahres, wurde um 840 als Sohn der Gutsbesitzerfamilie der Notkere im toggenburgischen Jonschwil geboren. In jungen Jahren dem Kloster des heiligen Gallus anvertraut, glänzte er dort im Studium der freien Künste, wurde ein hochbegabter Klosterlehrer und zeichnete sich durch eine liebenswürdige Mischung von Bescheidenheit und Gelehrsamkeit, von körperlichen Hemmungen und geistigen Höhenflügen aus. Als er am 6. April des Jahres 912 starb, galt er zu Recht als ein «Gefäss des Heiligen Geistes, wie es in seiner Zeit kein reicheres gab». So rühmte ihn der Chronist Ekkehart IV., dem – neben den Schriften und Selbstzeugnissen Notkers – die zahlreichsten sicheren Nachrichten über ihn und über seine Schüler und seine Mitbrüder zu verdanken sind.

Aus diesen Zeugnissen geht weit mehr hervor als aus der legendären und kompilatorischen «Vita Notkeri Balbuli», die erst um oder nach 1220 anonym im Kloster St.Gallen verfasst worden ist. Um 1522 wurde sie vom Konventualen Konrad Haller getreulich in die damalige deutsche Sprache übersetzt, schliesslich als solche 1983 von Erika-Anette Koeppel herausgegeben. Unser hier folgender Text ist eine in das Neuhochdeutsche übertragene gekürzte Version dieser Ausgabe. Zwar hat dieser Text keinen historischen Zusammenhang mit Leben und Sterben des wirklichen Notker um 912; aber er bleibt ein Zeugnis für die Mönche und ihr Sterben im 13. Jahrhundert, und als solches wird er hier wiedergegeben.

Notker der Stammler stirbt blind und alt in einem Winkel der Kirche
Aus der Vita beati Notkeri von Konrad Haller um 1522.

«Der heilige und geistliche Mann Notker, als ihm das Alter schwer auf dem Halse lag und er des Augenlichtes beraubt war und in einem Winkel des Tempels sass, schätzte die Dürftigkeit des Gemütes und die Armut seines Geistes als grossen Reichtum. Er sprach in seinem Gebet mit aller Begehrlichkeit, wobei er die inwendigen Augen in die Höhe des Himmels zu Gott richtete: 'Oh, wann werde ich den Weg allen Fleisches gehen? Werde ich auffahren zum Volk des Herrn, auf dass ich ewig ruhe in der Wohnung der heiligen Engel? Oh, wie selig sind, die da wohnen in deinem Haus! Sie werden wandeln in deinem Licht. Sie werden erfüllt und getränkt werden vom Überfluss deiner Süsse. Darum hat meine Seele nach dir gedürstet, lebendiger Brunnen.' Letztlich, da er verdrossen war, von Tag zu Tag in dieser elenden Welt zu leben, bat er Gott, dass er an ihm ein Zeichen der Barmherzigkeit tun wolle. Also erlöste ihn Gott von dieser schalkhaftigen Welt. Und in der Mitte seiner Brüder nahm er ihn in Gnaden auf, gleich wie ein Schaf aus der Schar des Herrn. Von einem scharfen kalten Weh heimgesucht, lag er etliche Tage schwer krank. Als er merkte, dass der Tag seiner Berufung gegenwärtig sei und der Schmerz der Krankheit grösser wurde, rief er die Brüder zusammen. In ihrem Beisein wurde er mit den heiligen Sakramenten versehen: mit dem zarten Fronleichnam Jesu Christi, mit seinem rosenfarbenen Blut und mit der Salbung des heiligen Öls. Er segnete sie und befahl sie Gott und den heiligen Hausvätern Sankt Gallus und Otmar an und empfahl sich selber dem Gebet der Brüder. Und geziert mit allen Tugenden und einem guten Alter, voll guter Tage, gab er seinen Geist in die Hände Jesu auf. Ich glaube, dass niemand von der Seele eines so guten Mannes bezweifeln kann, dass sie mit Engelsgesang in das Himmelreich hinaufgeführt und in die Chöre der singenden Geister und in die Schar der heiligen Mönche gesetzt wurde. Der selige Gottesfreund Notker, dieses Gefäss des heiligen Geistes, starb am sechsten Tag im April, als man elfhundert Jahre zählte (in Wirklichkeit im Jahr 912), und ist zu seinen Vätern gelegt worden in der Kirche St. Johannes des Täufers und St. Peters (neben dem Gallus-Münster).»

Dazu Ildefons von Arx (1810): Notker «wurde für den Gelehrtesten seiner Zeit gehalten, und sein untadelhafter Lebenswandel erwarb ihm den Nachruhm der Heiligkeit».

Sinnspruch aus der Apokalypse (21, 3–5)

«Gott wird bei ihnen sein. Er wird von ihren Augen jede Träne wegwischen. Es wird kein Tod mehr sein, keine Trauer, keine Klage und kein Schmerz. Denn was einst war, ist vergangen.
Und der auf dem Throne sass, sprach: Siehe, ich mache alles neu.»

Abt-Bischof Salomon – Der vertrauensvolle Tod (919)

Salomon, Sohn einer schwäbisch-reichsadeligen Familie, Grossneffe und Neffe der Konstanzer Bischöfe Salomon I. und II., bestens ausgebildet in St.Gallen gleichzeitig mit seinem Bruder Waldo, dem späteren Bischof von Freising, schliesslich um 887 auf Veranlassung seines Lehrers und Freundes Notker Balbulus dem Kloster beigetreten, war eine der bedeutendsten Persönlichkeiten sowohl in St.Gallen als auch in Konstanz. Denn König Arnulf, dessen Kapelle er angehörte, erhob ihn 890 zum Abt in St.Gallen und zum Bischof in Konstanz. Arnulfs Nachfolgern, den ostfränkischen Königen Ludwig IV. und Konrad I., diente er als Kanzler. Schliesslich war Salomon (III.) anstelle Ludwigs des Kindes der eigentliche Reichsregent und hernach der Verfechter der Politik Konrads als des ersten Nichtkarolingers im Ostreich. Indem er die königliche Macht gegenüber dem widerstrebenden Adel Alemanniens stützte, lud er sich auch Blutschuld auf. Daneben förderte er grosszügig seine alemannische Abtei St.Gallen. Hieher brachte er eine Reliquie des ehemaligen St.Galler Mönches Sankt Magnus, des Glaubensboten im Allgäu, und errichtete hiefür um 898 Kirche und Chorherrenstift St.Mangen in St.Gallen. Als er nach vielen glücklichen und unglücklichen Fügungen zum Sterben kam, nahm er in reifer Voraussicht Abschied von seinen Mönchen und Klosterschülern in St.Gallen, sodann von seinen Priestern und Domherren in Konstanz und verschied am 5. Januar 919 «im vollsten Vertrauen auf den Herrn», wie es Ekkehart IV. in seinen «Casus sancti Galli» berichtet.

Abt-Bischof Salomon verabschiedet sich im Kloster St.Gallen und stirbt vertrauensvoll in seiner Bischofskirche zu Konstanz
Aus den Casus sancti Galli von Ekkehart IV. vor 1050.

«In der Erkenntnis, dass das Alter anfing ihn niederzudrücken, ging der Gottesmann Salomon nach dem nächsten Osterfest an den Hof und liess alle Güter, die er an Konstanz und andere geistliche Orte gebracht hatte, mit Brief und Siegel des damaligen Königs Konrad bestätigen. Bestimmte Örtlichkeiten hatte er für St.Gallen erworben – wir lassen sie unerwähnt, weil die Greise auf entsprechende Fragen erklärten, es müsse gar so vieles im Archiv gesucht werden; sie versichern nur dies aufs wahrhaftigste, dass Salomon vor allen Klöstern, die er regierte, stets sein St.Gallen mit Erwerbungen bedacht hat. Nun gab ihm König Arnulf ein Hofgut im Aargau, Köllikon genannt, zu seinem Eigen. Man bat ihn, es an Konstanz zu schenken; doch hatte er es seinem Kloster St.Gallen versprochen, was er bei seinem Tode auch einhielt. Vieles hat er ihm ferner durch Tausch erworben, und wer es wissen will, kann das gleichfalls in den Akten des Archivs nachlesen.

Salomons Seele sei Frieden für all die Gaben beschieden.
(Tantis pro donis sit pax animae Salomonis.)

Da der Herr diesen so bedeutenden, von ihm und den Menschen geliebten Mann zu sich nehmen wollte, gewährte er St.Gallen die Gnade, dass er wenigstens noch sein Geburtsfest (Weihnacht 918) gesund und in aller Fröhlichkeit bei uns feiern durfte. Und an den vier einzelnen Tagen weidete er das Volk mit des Herrn Wort, von dem er allezeit erfüllt war, noch reichlicher als an allen Tagen seines Lebens. Am Morgen dann nach dem Tag der Unschuldigen Kindlein (also am 29. Dezember) gedachte er, nach Konstanz aufzubrechen. Und da er von den Brüdern Abschied genommen hatte, ging er an der Schule vorüber. Er öffnete die Tür, um zu prüfen, wie sie sich aufführten, und trat ein. Aber da sie an diesem Tag an kein Gesetz gebunden waren, hatten sie das Recht, eintretende Gäste gefangen zu nehmen und die Gefangenen festzuhalten, bis sie sich losgekauft hatten. Salomon ging mit dem grössten Vergnügen darauf ein. Sie aber packten ihn und setzten ihn, ob er wollte oder nicht, auf den Sitz des Lehrers. Er aber sprach: ‹Ich werde mich loskaufen und so tüchtige Jugend belohnen.› Und in aller Eile versammelte er vor dem Tor der Schule die Oberen der Brüder und verfügte letztwillig zugunsten jener Knaben und all ihrer Nachfolger dieses: Jahr für Jahr sollten sie an den drei vom

Herrscher (Konrad I.) festgesetzten Spieltagen in ihren Schulräumen Fleischkost bekommen, und jeder einzelne sollte dreimal täglich Speise und Trank vom Abtshof erhalten. Endlich ging Salomon hinweg, wohin er plante, nachdem er die Unsrigen gesegnet und ihnen, o Schmerz, zum letzten Mal Lebewohl gesagt hatte.»

«Wie er also zu Konstanz am achten Tag nach der Geburt Jesu des Herrn (am 1. Januar 919) die Messe vollzogen hatte, klagte er, als er in der Sakristei sass, über Kopfschmerzen. Doch wie gewöhnlich tröstete er vor dem Mahl fröhlich die Armen; dann hielt er mit Brüdern und Bürgern reiche Tafel und ertrug seinen Schmerz mit Fassung, und so vollendete er den Tag noch in Freude. Am folgenden Morgen jedoch verschlimmerte sich sein Zustand. Da liess er überallhin seine Diener schicken und so rasch als möglich Mönche, Priester und Domherren versammeln, vorzüglich aber die Unsrigen. Am achten Tag nach St. Johannis hielt er, aufrecht gestützt, Messe, legte öffentlich Beichte ab und erbat von allen Verzeihung, wie er ihnen solche gewährte. Hierauf schenkte er einige noch nicht vergabte Güter an die heilige Maria und an Pelagius (die Bischofskirche Konstanz), dagegen an seinen Gallus und Otmar (das Kloster St. Gallen) den Hof Köllikon, Verfügungen, die er mit seiner Bett-Schreibtafel nach üblichem kanonischen Recht für seinen Seelenfrieden traf. Eindringlich bat er die Unsrigen, die Kirche, die er in St. Gallen zu Ehren des heiligen Kreuzes und des heiligen Magnus erbaut und unter königlichem Sonderrecht ausgestattet hatte, in Schutz zu nehmen und nicht zu dulden, dass der Dienst der Chorherren dort beeinträchtigt werde. Am Tag vor Epiphanie (am 5. Januar 919) schied er dann hin im vollsten Vertrauen auf den Herrn. Mit vielen Tränen von den Seinen beweint, wurde er in der Kirche seines Bischofssitzes an der rechten Wand bestattet.

Durch dein köstliches Blut am Kreuz erwarbst du das Leben:
Christus, verleih es auch ihm droben im himmlischen Reich!
(In cruce quaesitam pretioso sanguine vitam
Des cui, Christe, locis in paradysiacis.)»

Dazu Ildefons von Arx (1810): Salomon «war nicht nur gelehrt, sondern auch ein Beförderer und Gönner der Gelehrten: die berühmtesten Schriftsteller seiner Zeit – Hrabanus Maurus, Otfrid von Weissenburg und Walahfrid Strabo – widmeten ihm ihre Werke. Die Abtei St.Gallen hatte Ruhm und Gelehrtheit ihm zu verdanken, deswegen sein Name daselbst immer in gesegnetem Andenken blieb.»

Sinnspruch aus den Paulusbriefen (Römer 14, 7–9)

«Keiner von uns lebt sich selber, und keiner stirbt sich selber. Leben wir, so leben wir dem Herrn. Sterben wir, so sterben wir dem Herrn.
Ob wir leben oder ob wir sterben, wir gehören dem Herrn.
Denn Christus ist gestorben und wieder lebendig geworden, um Herr zu sein über Tote und Lebende.»

Sankt Wiborada – Der gewaltsame Tod (926)

Wiborada ist die grosse Frau, die als Asketin, als Ratgeberin und als Märtyrin seit über tausend Jahren die Männergesellschaft des Klosters St.Gallen überragt. Ihr Tod war «kostbar in den Augen des Herrn» und zeichenhaft in der Kirchengeschichte.

Wiberat – so ihr deutscher Name – entstammte einer vornehmen Thurgauer Familie. Ihr Vater war möglicherweise Ministeriale der Bischöfe von Konstanz oder der Äbte von St.Gallen. In ihrer entscheidenden Lebenszeit war Salomon III. sowohl Bischof als auch Abt. Er führte die junge Frau, deren Sehnsucht die mystische Hingabe an Gott war, im Jahr 912 hinauf nach St.Georgen, wo sie neben der Kapelle des heiligen Georg eine bescheidene Einsiedelei bezog. Hier verbrachte sie ihr Noviziat, das heisst eine vierjährige Prüfung, bevor sie 916 als reif befunden wurde, den Stand strengster Busse und höchster Vervollkommnung zu erwählen: das Inklusentum. Sie liess sich bei der von Abt-Bischof Salomon gegründeten Kirche St.Mangen in eine Zelle schliessen, wobei sie vor Gott und den Menschen das Gelübde lebenslanger Beständigkeit ablegte. Hier wurde sie, was ihr Name vorausgesagt hatte, der «Wiber-Rat», die weibliche Ratgeberin für Klerus, Adel und Volk St.Gallens und Alemanniens.

Ihr wichtigster Rat ging an Abt Engilbert II., den Nachfolger Salomons, er solle seine Mönche und seine Leute mit ihrer Habe, insonderheit den «Schatz des heiligen Gallus», also die Kirchenzierden und den Bibliotheksbestand, vor den eindringenden Horden der Ungarn – sie waren während Jahrzehnten die Geissel des Abendlandes – in Sicherheit bringen. Man befolgte ihren Rat, und man rettete damit die Menschen und ihre bereits erworbene Kultur, wie sie noch heute in den St.Galler Manuskripten einzigartig erhalten bleiben konnte.

Wiborada jedoch liess sich nicht zur Flucht bewegen, selbst nicht durch ihren getreuen Bruder Hitto, der Mönch in St.Gallen und Propst zu St.Mangen war. So wurde sie am 1. Mai 926 von den beutegierigen Ungarn in ihrer Zelle erschlagen und verblutete anderntags an ihren

Wunden. Diese Zelle war ohne Tür; sie hätte also die Schatzkammer des Klosters sein können. Die Krieger stiegen deshalb auf das Dach, schoben die Ziegel zur Seite, liessen sich hinunter und hieben in wutschnaubender Enttäuschung auf die Klausnerin ein. Ihr Leib war durch Entbehrung ausgemergelt, ihre Glieder durch Kälte und Feuchtigkeit gichtisch verkrüppelt. Als dann Abt und Mönche nach dem raschen Abzug des plündernden Haufens zurückkehrten, fanden sie die verblutete Märtyrin und bestatteten sie – in offensichtlicher Wahrung ihres Inklusengelübdes – in der blutverschmierten Klause.

Wiborada wird von eingedrungenen ungarischen Plünderern in ihrer Zelle erschlagen

Aus der Vita sanctae Wiboradae von Ekkehart I. um 960/970, überarbeitet von Ekkehart IV. um 1047.

«Unterdessen eilte ein gottverhasster Wüterich mit seinesgleichen zur Basilika des heiligen Magnus. Sie legten dort Feuer und wollten die Behausung der heiligen Jungfrau verbrennen; doch wurden die Flammen von der Macht Gottes erstickt. Als sie erkannten, dass es nicht nach ihrem schurkischen Willen ging, liefen sie um das Häuschen herum und suchten nach einem Eingang, um einzudringen. Nachdem sie keinen fanden, stiegen zwei von ihnen auf das Dach, zertrümmerten die Ziegel und schlugen jedes Hindernis ein. Als ein Durchlass entstanden war, liessen sie sich hinab und beraubten die heilige Jungfrau, die vor dem kleinen Altar stand und sich mit demütigen Bitten dem allmächtigen Gott und allen Heiligen anvertraute, ihrer Kleider. Als ihr so alle Bedeckung mit Ausnahme des härenen Gewandes weggerissen war, schlugen sie der heiligen Märtyrin mit Axthieben drei Kopfwunden, liessen sie halbtot zurück und verschwanden. Das wallend hervorströmende Blut ergoss sich beinahe über das ganze härene Gewand. Auch die Mauer dieser Zelle kündete für lange Zeit dem, der dahin kam, von dem Martyrium der heiligen Jungfrau, da sie von ihrem heiligen Blut benetzt worden war. Wie sehr diese auch des öfteren mit reinem Kalk überzogen wurde –

es konnte durch keine Tünchen verhindert werden, dass es durchschien. Auch wir haben kürzlich mit unseren eigenen Augen gesehen, dass dies wahr ist.»

«Als nach acht Tagen die geflüchteten Mönche von dem Abzug der Heiden hörten, kehrte der Abt mit der Gemeinschaft zum Kloster zurück. Der Mönch und Priester Hitto betrat mit einigen Brüdern und Laien die kleine Klause, wo die heiligen Glieder lagen. Als sie den durch beständige Enthaltsamkeit aufgezehrten kleinen Körper und die dürren, durch dünne Haut und Sehnen kaum zusammenhängenden Knochen zur Waschung von dem blutstarrenden härenen Gewand entblössten, fanden sie die Kopfwunden geheilt; auch die Füsse, die zuvor wegen der Rauheit der strengen und allzu grossen Kälte verstümmelt waren, fanden sie jetzt wieder im Zustand vormaliger Gesundheit. Nur einen Arm und einen Unterschenkel hatte sie ein wenig gekrümmt an sich gezogen, wie schon zu Lebzeiten. Sie betrachteten auch den kleinen Leib und fanden die Narben der eisernen Kette, mit der sie sich umgürtet hatte. Mit dieser Marter tötete sie ihren zarten Leib ab, als vortreffliche Nachahmerin unseres ehrwürdigen Vaters, des heiligen Gallus. Am Tag ihres Martyriums hatte die selige Jungfrau die genannte Kette vor der Ankunft des barbarischen Volkes von ihrem Körper genommen, unter den Altar gelegt und verborgen. Später erschien sie denen, die bei dem heiligen Leichnam die Totenwache hielten, im Traum und mahnte, dass sie die Kette aufnehmen und neben ihren Leib in den Sarg legen sollten. Und so geschah es.»

Wiborada wird als erste Frau der Kirchengeschichte vom Papst heiliggesprochen

Aus den Casus sancti Galli von Ekkehart IV. vor 1050 und aus der Continuatio secunda derselben nach 1072.

«Über die heilige Wiborada werden wir weiter nicht reden, weil über sie ein eigenes Buch vorliegt (Ekkehart IV. weist damit auf die von Ekkehart I. um 960/970 verfasste und von ihm um 1047 überarbeitete Vita hin), und wir bemerken nur, dass ihre Heiligsprechung zu unserer Zeit bereits zweimal durch zwei Päpste beschlossen war und unter Abt Norpert schliesslich vollzogen wurde.»

«Abt Norpert erreichte mit Hilfe des Kaisers Heinrich III. und seiner Gemahlin Agnes beim apostolischen Herrn Clemens II. (vormals Bischof Suidger von Bamberg, Papst 1046/1047) nach Verlesung der Lebensbeschreibung der seligen Wiborada und ihrer Wunder, getadelt vom Papst wegen der so langen Vernachlässigung der Sache, dass er sie in Gegenwart des Bischofs Theoderich von Konstanz kanonisierte und vorschrieb, sie als Heilige anzusehen, mit der Verpflichtung, ihren Jahrtag feierlich zu begehen.»

Wie sich die Blutspur der ungarischen Kriegerhorde weiterzog

Aus den Casus sancti Galli von Ekkehart IV. vor 1050.

Der Geschichtsschreiber Ekkehart IV. hat in den Kapiteln 51–56 ausführlich über den Einfall der ungarischen Horden im Kloster St.Gallen berichtet. Abschliessend schreibt er im Kapitel 64 nicht ohne Schadenfreude:

«Es verdriesst mich nicht, unserer eigenen Tragödie auch noch etwas über der Ungarn Unglück beizufügen. Es lebte zu dieser Zeit in dem Gau, den man Frickgau nennt, ein gewisser Hirminger, ein keineswegs mächtiger Mann, aber von starker Hand und starkem Mut und, wie einst Mathatias, der heldenhafte Vater von sechs makkabäischen Söhnen. Dieser Hirminger vermochte jenem Schwarm, der diesseits des Rheins – von den Genossen jenseits des Rheins getrennt – auch uns überfallen hat, folgendermassen beizukommen. Als die Ungarn, im Begriff, das Heiligkreuzkloster Säckingen zu überfallen, beim Brückenbau in der Rheinenge sich im Angesicht der Genossen lagerten und einander über den Fluss hinweg anredeten und schon sorgloser agierten, überfielen Hirminger und seine Söhne mit von überall her flugs zusammengezogener Mannschaft die Ungarn in tiefer Nacht, da sie vom Schlaf und Wein überwältigt waren, überrumpelten sie in einem Stoss von drei Seiten und töteten und ertränkten fast alle ausser jenen, die fliehend über den Rhein schwammen. Dem Untergang ihrer Genossen mussten die Feinde jenseits des Flusses untätig zuschauen. Und rasend vor Zorn liefen sie bewaffnet an das Ufer des Stromes. Um ihre Wut zu stillen, schleuderten sie eine Menge von Geschossen und mischten ihre grausigen Stimmen mit hundeartigem Geheul. Aber Hirminger mit den Seinen raffte die Beutestücke im Angesicht der Feinde zusammen und brachte sie im Triumph in die Kirche.»

«Während man dies kräftig an die Hand nahm, verschafften sich die Ungarn ihrerseits viele Schiffe aus dem Schwarzwald und setzten ihre Truppe nach dem Elsass über; und als sie dort vom mächtigsten Herrn des Landes, Liutfrid, zum Kampf gestellt wurden, erlangten sie unter schweren eigenen Verlusten zuletzt einen blutigen Sieg. Sie hatten nunmehr begriffen, dass sie bei den Deutschen (inter Teutones) glimpflicher verfahren müssten. Schliesslich, nach Verwüstung und Brandschatzung des Elsass, wohin sie gezogen waren, marschierten sie eilends am Hochfeldgebirge und Jurawald vorbei und gelangten nach Besançon...»

Sinnspruch aus den Paulusbriefen (2. Korinther 4, 11f.)

«Immer werden wir, obgleich wir leben, um Jesu willen dem Tod ausgeliefert, damit auch das Leben Jesu an unserem sterblichen Leib offenbar wird. So erweist an uns der Tod, an euch aber das Leben seine Macht.»

Volkspriester Gerald – Der lächelnde Tod (um 960)

Die «Regula Benedicti» ist nicht nach aussen gerichtet, nicht nach Volksseelsorge und Volksbildung, sondern nach innen, nach Heiligung des Mönches in der streng geregelten Gemeinschaft des Klosters. Doch mit dem wirtschaftlichen Eingebundensein des Klosters in die jeweilige Umwelt ergaben sich Berührungen, Beziehungen und gegenseitige Abhängigkeiten, schliesslich die menschlichen und christlichen Verpflichtungen vielfältiger Caritas in moralischer und materieller Hilfeleistung. Ohne seine Hauptaufgabe zu verleugnen, wurde das benediktinische Kloster die Lehrinstitution Europas für Irdisches und Ewiges, für Wissen und Glauben. In deutschen Landen – dabei auch in St.Gallen – waren es Karl der Grosse und die merowingisch-karolingisch-ottonische Reichsgestaltung, die der wesentlichen inneren Dimension des Klosterwesens diese nach aussen gerichtete Dimension unlösbar beifügte. Sie sorgte für die Überlebensfunktion des Mönchtums und seine unerlässliche Anpassung an die unterschiedlichsten Zeiten und Völker. In den zwölf benediktinischen Jahrhunderten in St.Gallen gab es unzählbare schöpferische Träger dieser zwar komplexen, aber segensreichen Synthese. Einer derselben im 10. Jahrhundert hiess Gerald.

Über den Mönch Gerald ist nichts weiter bekannt, als was von Ekkehart IV. überliefert worden ist: eine kurze Erwähung in Ekkeharts Gedicht über St.Gallens Mönche «De aliis sincellitis amborum» (über die späteren «Zellengenossen» der beiden Gründer Gallus und Otmar), sowie eine recht ausführliche, ergreifend persönlich gefärbte Schilderung von Geralds Wirksamkeit als Volkspriester und seines Todesleidens und Sterbens. Eine ungefähre Datierung um 940/960 ergibt sich aus Geralds Klage: «Ach, dass doch mein Notker da wäre!», womit er Notker II., den Arzt, meinte, der damals «propter remediis», wegen Heilmitteln und Heiltätigkeit, am Königshof Otto des Grossen weilte. Damit lässt sich auch vereinbaren, dass Gerald, der als alt geschildert wird, in seinen jungen Klosterjahren Schüler des ersten Notker (†912), des Stammlers und Dichters, gewesen sei.

Der Mönch und Volksseelsorger Gerald stirbt nach verdienstvollem Leben und schmerzlicher Krankheit, noch im Tode lächelnd

Aus den Casus sancti Galli von Ekkehart IV. vor 1050.

«Über Gerald, einen Mann von nicht geringem Format, will ich, da zu mehr nicht die Zeit ist, einiges beifügen, damit daraus erhelle, auf welchen starken Säulen das Galluskloster fortwährend ruhte. Von Beginn seines Subdiakonates an war Gerald allezeit Lehrer an der Schule. Nachdem er aber Priester geworden, trat er als Prediger von höchster Klarheit auf – zuweilen sogar in Gegenwart von Bischöfen, die ihn reden hiessen und vor ihm Platz machten -, als Redekünstler vor dem Volk und, wie der Apostel solche nennt, als honigsüsser Prophet. Daher wurde er auch, wie es seit jeher bei uns festgegründete Gewohnheit war, für unser Volk zum öffentlichen Priester eingesetzt, mit der Aufgabe, in der Kirche des heiligen Otmar (im Westen des Gallus-Münsters) für alle Einwohner zwischen den Flüssen Goldach und Sitter jegliches Synodalgeschäft mit Ausnahme der Eheauflösung an Bischofs Statt zu erledigen...»

«Doch um zu Gerald, dem empfänglichsten Gefäss des Heiligen Geistes zurückzukehren, so hatte er sich in den genannten und in unzähligen weiteren Tugenden geistig und körperlich geraume Zeit hindurch aufgerieben und war durch langes Alter verbraucht, aber nicht aufgebraucht. Als das Volk, das ihm anvertraut war, bereits den festen Glauben auf ihn setzte, er könne einem körperlich Leidenden, wenn er ihn segnend berühre, Erleichterung verschaffen, legte er eines Tages sein Bekenntnis vor ihnen ab, bat um Vergebung und erklärte unter Tränen, er wolle sich alsobald auf sein Lager zurückziehen und in Christo dahinscheiden; und indem er drängte, von ihnen Abschied zu nehmen, beteuerte er, er habe die feste Gewissheit, dass sie am Tag des Herrn einander wiedersehen würden. Nachdem er die Albe ausgezogen und sich wieder bekleidet hatte, ging er unter dem Klagen des Gesindes bis zu des Gallus Altarschranken und betrat allein und von niemand gestützt das Haus der Kranken, indes viele sich wunderten, was er beabsichtige. Dort nun setzte er sich für ein Weilchen nieder und bat, ihm auf der blossen Erde Heu unterzulegen und darüber das härene Kleid zu breiten. Und während er sich darauf hinstreckte, als ob er an keinem Übel litte, bat er, alle Brüder zu rufen. Und als er sah, dass sie zugegen waren, begrüsste er sie alle und erhob sich, und da er aufrecht stand, brach er in Tränen aus und sagte: 'Ich sehe, meine Herren und Brüder: meine Berufung, vor der ich Sünder mich immer fürchtete, ist nun da. Aber darum, weil ich zuversichtlich hoffe, dass unser Gott voller Güte ist, werde ich nach meinem Bekenntnis vor euch unbesorgt scheiden.' Und endlich, da alle zustimmten, legte er Beichte ab und erhielt Vergebung. Und nachdem er alle der Reihe nach geküsst hatte und die Väter ihn fragten, wo er Schmerzen fühle, antwortete er: 'In Brust und Zwerchfell' und sprach: 'Ach, dass doch mein Notker da wäre!' – der war damals nämlich wegen Arzneien am Königshof – worauf er sich wieder niederliess und sagte, er wolle ruhen. Aber die Brüder wünschten ihm alle die ewige Ruhe und gingen hinaus, ausgenommen die Wächter, die man ihm beigegeben, und die Psalmensänger, um die er gebeten hatte. Selber aber sagte er, als müsse er noch immer nichts leiden: 'Heiliger Johannes Evangelista, Geliebter des Herrn, nimm mich zu dir!' Und indem er die Kapuze über den Kopf zog und den Rockärmel unter den Kopf hin zurückrollte, legte er sich auf jenem Lager wieder zurecht. Und als er, wie sie erwarteten, ein wenig schlief, sagte er plötzlich: 'Mein Herr, wohl magst du kommen!' Aber sie glaubten, er rede wirr, wie Kranke tun, bis endlich einer von ihnen sagte: 'Lasst uns sehen, wie es ihm geht. Denn gewiss hat er irgendwen gegrüsst, wer immer es gewesen ist.' Wie sie eiligst zu ihm hinkamen, fanden sie ihn mit verdrehten Augen und bleichen Lippen im Sterben. Schnell schlugen sie die Glocke und riefen die Brüder herbei. Die versammelten sich um ihn so geschwind wie möglich, worauf er aus eigener Kraft Hände und Füsse ausstreckte und allen mit offenen Augen zulächelte und endlich unter einem gleichsam abgenötigten Lachen leise kichernd verschied. Nachdem der vorzügliche Mann eines solchen Todes gestorben war, gab es welche, die sagten: 'Johannes hat ihn gerufen, war er doch zeitlebens sein unermüdlicher Bekenner in Keuschheit und aller Unschuld; und darum ward er sonder Schmerzen, wie jener, von uns genommen, weil er sich sterbend ihm anbefohlen und ihn, da er ihm im Tode erschien, gegrüsst hat.' Und man begrub ihn nicht weit von Notker Balbulus, seinem einstigen Lehrer und vertrautesten Freund.»

Tröstlich ist die Geschichte vom Sterben jener, die selber viele Mitmenschen zum Tode geleitet haben, wie es zweifellos der Volkspriester Gerald getan hat. In der Sprache der alten Seelsorge hiess und heisst dieser Liebesdienst das «Auströsten». Es ist selbst bei schweren Todesfällen nicht schreckhaft, sondern es ist für beide Beteiligte tröstlich.

Sinnspruch aus anonymer Volksweisheit

Ich geh, weiss nicht wohin.
Ich komm, weiss nicht von wo.
Ich bin, ich weiss nicht was.
Weiss nur, bald kommt der Tod.
Mich wundert,
dass ich so fröhlich bin.

Dekan Ekkehart I. – Der ernte-reife Tod (973)

Einer der einflussreichsten und vielfältig tätigen Mönche St.Gallens im aufgewühlten 10. Jahrhundert war Ekkehart der Dekan, der erste dieses einheimischen Namens, persönlich bekannt mit dem Papst anlässlich eines Besuches in Rom und geschätzt von König Otto dem Grossen, geboren in St.Gallens Umgebung nach 900, gestorben im Kloster am 14. Januar 973. Er war in der Nachfolge des ersten Notker Dichter liturgischer Sequenzen, war auch der sagenhafte Dichter der «Vita Waltharii manufortis» und der Verfasser der «Vita sanctae Wiboradae».

Ekkehart IV., der in seinen «Casus sancti Galli» mehrfach über ihn, den liebevollen und friedfertigen Schlichter böser Zwiste, berichtet, nennt ihn einen fruchtbaren «Weinstock» (vitis), der dem Galluskloster seine «Rebschösslinge» (palmites) eingebracht habe, nämlich die vier Neffen Ekkehart den II. und den III., sowie den nachmaligen Abt Purchard II. und den Magister Notker III. den Deutschen. Als dieser verehrungswürdige «Weinstock» starb, klagte sein Nachfolger im Dekanat, der edle Ymmo, Gott habe ihn nach Art der «Weinlese» (vindemia) abgeerntet – Ekkehart IV. verwendet das Verb «vindemiare», d.h. «Weinlese halten».

Dekan Ekkehart I. stirbt, betrauert vom Mitbruder Ymmo, als ernte-reifer Weinstock

Aus den Casus sancti Galli von Ekkehart IV. vor 1050.

«Ekkehart brachte dem heiligen Gallus seine vier Neffen von Bruder- und Schwesterseite zum Mönchsdienst dar: zwei, die gleich hiessen wie er, ferner Purchard, den nachmaligen Abt, und Notker, unseren Lehrer. Von ihnen darf jeder einzelne ein Spiegel der Kirche genannt werden. Über sie werden wir je an ihrem Orte das Denkwürdige berichten: ein jeder nämlich unter ihnen würde genügen für ein eigenes Buch. Während jener Weinstock bereits solche Schösslinge aussandte, ward er selber am Tage von Felix in Pincis wohlgereift gepflückt (eingeerntet). Über seinen Tod herrschte aber solche Trauer, dass nach Aufbahrung seines Leichnams Ymmo, welcher nach ihm Dekan und später Abt wurde, zu St. Michael hinüberging, wo er freier klagen durfte, und in den Schrei ausbrach: 'Siehe, Herr, und schau, wen du so eingeerntet hast!'»

Sinnspruch aus dem Evangelium (Lukas 24, 25f., 29)

«O ihr Unverständigen! Musste nicht Christus dies leiden,
um so in seine Herrlichkeit einzugehen? – Herr, bleib bei uns,
denn es will Abend werden, der Tag hat sich schon geneigt!»

Abt Purchard I. – Der Tod als «Requies S. Galli» (975)

In der bewegten Geschichte um Abt Purchard I., den edlen Nachfolger des unglücklichen Abtes Craloh in den Jahren 958–971, gestorben 975, sind zwei Todesfälle geradezu wesentlich eingeschrieben: jener seiner Mutter vor des Kindes Geburt, jener schliesslich des körperlich schwachen und mit Altersbeschwerden geplagten Abtes. Beide fügen sich unserem Leitwort vom «Kostbaren Tod» ein – davon sei nun dank Ekkeharts IV. «Casus sancti Galli» berichtet.

Purchard, aus dem edlen Geschlecht der Udalrichinger, Sohn des Grafen Ulrich V. in Buchhorn (dem heutigen Friedrichshafen) und seiner Gattin Wendilgard, ebenfalls aus königlichem Geblüt, geboren zwischen 920 und 930, war Abt in St.Gallen 958–971, zwar beliebt und wohltätig nach innen und nach aussen, aber von Geburt auf empfindlich und durch einen Reitunfall zusätzlich gelähmt. Er zog sich deshalb vorzeitig in die «Requies sancti Galli» zurück und starb dort am 9. August 975. Erbaulich war sein Tod, erstaunlich aber war schon seine Geburt:

Es war Geburt durch Kaiserschnitt («Sectio caeserea»), genauer durch Schnitt aus der toten Mutter («Sectio in mortua»), eine Praxis, die sich bis in die altdeutschen Mythen zurückverfolgen lässt. Die christliche Kirche befürwortete diese Operation, um das möglicherweise noch lebende Kind der sterbenden oder schon gestorbenen Schwangeren der Taufe teilhaftig werden zu lassen. Aus St.Gallens Klostergeschichte ist das Beispiel des Abtes Purchard I., aus der Konstanzer Bistumsgeschichte das Beispiel des Bischofs Gebhard II., 949 als Sohn des Grafen Ulrich V. von Bregenz geboren, überliefert. Wenn in diesen und anderen Geschichten berichtet wird, das aus dem Mutterleib herausgeschnittene Kind sei in das «Fett eines frisch ausgenommenen Schweines» (Purchard) oder «in eine warme Fettmasse» (Gebhard) eingewickelt worden, erinnert die Medizingeschichte an eine gewisse Affinität der menschlichen und dieser tierischen Haut.

Purchard also war das Kind des Grafen Ulrich und seiner Gattin Wendilgard in Buchhorn, gezeugt, nachdem der totgeglaubte Vater aus vierjähriger Gefangenschaft in Ungarn heimkehren konnte. Seine Gattin, die ihm als vermeintliche Witwe treu geblieben war, grüsste ihn: «Mein Herr, Liebster unter allen Menschen, du Holder zu aller Zeit.» Ekkehart erzählt so weiter:

Purchard wird von seinen Eltern gezeugt, doch die Mutter stirbt vor des Kindes Niederkunft
Aus den Casus sancti Galli von Ekkehart IV. vor 1050.

«Dann (nach der Rückkehr des Vaters aus der ungarischen Gefangenschaft) wurde von neuem das Beilager gehalten. Die Frau empfing. Und in Begleitung ihres Mannes pilgerte sie zu ihrem Gallus (in das Kloster St.Gallen) und zu den heiligen Inklusinnen (Wiborada und Nachfolgerinnen). Sie gelobte, wenn sie ein Kind männlichen Geschlechtes gebären sollte, es dem heiligen Gallus als Mönch darzubringen. Und also zogen sie wieder heim. Doch die Zeit verging, und wie die Geburt heranrückte, wurde die Schwangere gefährlich krank, und vierzehn Tage vor der rechtzeitigen Entbindung starb sie. Das Kind wurde herausgeschnitten und in frisch ausgenommenen Schweineschmer eingebettet, wo es Haut ansetzen sollte; und da es sich in kurzem als wohlbeschaffen erwies, wurde es getauft und Purchard genannt. Als man es dann der Brust der Amme entzog, legte der Vater, wie er mit der Mutter gelobt hatte, das Kind auf den Altar des heiligen Gallus und übergab es ihm zusammen mit Grundstücken in Höchst und mit Zehnten, wobei er die Mutter tief beklagte. Der Knabe war wunderschön und wurde im Kloster mit Feinheit erzogen. Die Brüder pflegten ihn den 'Ungeborenen' zu nennen. Und weil er vor der Zeit zur Welt gekommen war, konnte ihn später nicht einmal eine Fliege stechen, ohne dass das Blut herausbrach. Und deshalb sparte der Lehrer die Ruten an ihm. Zum Manne herangewachsen, hing er den Tugenden, die ihm eingeboren waren, obgleich er schwächlichen Leibes war, ohne Unterlass an, und mit der Reife seines Geistes beherrschte er die Unreife seiner Leiblichkeit.»

Abt Purchard bezieht einen Alterssitz an der Stelle des Haselstrauches des heiligen Gallus und erbaut dort die Galluskapelle

Aus den Casus sancti Galli von Ekkehart IV. vor 1050.

«Abt Purchard begann zufolge des Alters Beschwerden zu spüren, und nachdem er den Bischof (Konrad von Konstanz, den Heiligen) zu Rate gezogen hatte, liess er jenen alten Haselstrauch, unter welchem einst Gallus im Dorngesträuch niederstürzend geweissagt hatte: 'Haec requies mea – Dies ist der Ort meiner Ruhe', umhauen und nach dem Bau einer Kapelle den Altar an der Stelle des Baumes errichten. Auch setzte er ihr ein niedriges Fensterchen gegen Süden ein. Daran fügte man nach aussen einen Verschlag, wo er sich selbst einzuschliessen und nach Verlassen der Abtei sein Lebensende zu erwarten gelobte. Die Kapelle wurde fertiggestellt und zu Ehren des heiligen Kreuzes, aber auch des heiligen Gallus durch unseren Bischof Konrad geweiht, und bereits liess Purchard von den Handwerkern das Gebälk für jenes Gelass zurüsten. Unter Zustimmung des Dekanes Ekkehart I. bat er, dass an seiner Statt Notker, der Neffe Notkers des Arztes von Schwesterseite her, gewählt werde und schickte ihn zu den Königen, damit er sich an seiner Stelle zum Abt einsetzen lasse. Da aber Bischof Konrad sich sträubte, einen so zarten Greis einzuschliessen, blieb Purchard auf Befehl der Könige trotz vielem Widerstreben im Besitz jener Örtlichkeiten, die Karl III. den Äbten zugewiesen hatte, wobei Dekan Ekkehart ihn umhegte. Endlich bezog er, wenn auch ungern, um der Ruhe willen die Kemenate der Vorgänger-Äbte. Wofern er nicht direkt Mangel befürchten musste, wünschte er nichts für sich zu besitzen. Der Bischof aber, der allzeit sein innigster Freund war, kam zu ihm, als er sich zum Sterben rüstete, und salbte ihn mit dem heiligen Öl. Den Toten jedoch, den die Tränen vieler und namentlich der Armen begleiteten, bestattete er feierlich vor dem Eingang der Kapelle, die Purchard 'diese meine Ruhestätte' zu nennen pflegte. Derweil war Ekkehart der Dekan, der 'seine Seele' war, schon zuvor heimgegangen (973), so wie ich mich erinnere schon erzählt zu haben» (in Kapitel 80, siehe hier S. 63/64).

Dazu Ildefons von Arx (1810): «Abt Purchard hatte von Jugend auf gegen Arme und Reisende ein sehr mitleidiges Gefühl. Er gab ihnen oft die Kleider vom eigenen Leibe her. Als er dieses als Abt zu häufig tat, machte ihm sein Neffe, der Propst Richer, deswegen starke Vorstellungen. Der Dekan Ekkehart aber unterstützte ihn darin und steckte ihm heimlich Kleidungsstücke unter das Hauptkissen zu. Nach seiner Abdankung musste er sich wider seinen Willen in dem Winkel der Alten gut verpflegen lassen, bis er im Jahre 975 starb.»

Sinnspruch aus dem Evangelium (Lukas 23, 44–46)

«Es war um die sechste Stunde. Da brach über das ganze Land
eine Finsternis herein, die bis zur neunten Stunde dauerte.
Die Sonne verfinsterte sich, und der Vorhang des Tempels
riss mitten entzwei. Da rief Jesus mit lauter Stimme: Vater,
in deine Hände lege ich meinen Geist. Mit diesen Worten verschied er.»

Propst Chunibertus – Der betrauerte Tod (nach 976)

Über Chunibertus/Kunibert ist nicht viel mehr überliefert, als was in Ekkeharts IV. «Casus sancti Galli» geschrieben steht: anschaulich und wahrhaftig – hat doch Ekkehart möglicherweise noch ihn, jedenfalls seine Schüler persönlich gekannt. Kunibert, dessen Geburtsadel mit seinen reichen Geistesgaben übereinstimmte, stammte aus dem Breisgau, wo er zahlreiche – darunter auch schutzbedürftige – Verwandte hatte. Seine Lebensdaten sind nicht überliefert. Immerhin berichtet Ildefons von Arx, der hervorragende Kenner des St.Galler Stiftsarchivs, im ersten Band seiner «Geschichten des Kantons St.Gallen» (1810, Seite 276): «In St.Gallen ist von ihm noch eine Urkunde vom Jahre 933 vorhanden, welche an Zierlichkeit der Schrift alle anderen übertrifft.» Es war wohl Kuniberts «Meisterstück» in jungen Klosterjahren. Laut Ekkehart war er der «Schreiber mit der gestochensten Schrift», was im schreibtüchtigen Kloster besondere Anerkennung fand, dazu auch Monumentalmaler an der hölzernen Kirchendecke sowie erfolgreicher Lehrer in der Klosterschule nach den Erschütterungen durch den Ungarneinfall (926) und den Klosterbrand (937). Herzog Heinrich von Bayern erbat ihn deshalb als Professor nach Salzburg und als Abt in Altaich (Altaha, Niederaltaich), wo dann aber einfallende Ungarn 955 die Mehrzahl der Mönche hinmordeten.

Abt Kunibert resignierte in Niederaltaich und kehrte nach St.Gallen zurück, wo man ihn benötigte. Er wurde hier 962/963 Dekan, dann Propst (Praepositus) der st.gallischen Besitzungen in seiner breisgauischen Heimat. Tragisch mutet sein Tod durch einen Reitunfall an. (Reitunfälle waren die damals häufigsten Verkehrsunfälle). Kunibert war anlässlich einer Rückkehr nach St.Gallen mit seinem Mitbruder Gerhard, dem nachmaligen Abt, auf dem Heimritt vom Hofe Wil, wobei er mit seinem Begleiter hoch zu Pferd sein pflichtiges Psalmenpensum betete, hatte er doch bereits sein Prandium – die Hauptmahlzeit, vor welcher das Gebet üblicherweise stattzufinden hatte – eingenommen. Nun aber fiel er wegen der Mutwilligkeit der begleitenden Diener plötzlich vom aufgeschreckten

Pferd. Ekkehart berichtet in stiller Trauer über Kuniberts Sturz und Tod; das genaue Jahr ist ungewiss, jedenfalls nach 976.

Propst Kunibert stirbt plötzlich nach dem Sturz vom Pferd
Aus den Casus sancti Galli von Ekkehart IV. vor 1050.

«Chunibertus/Kunibert böte, wenn nur sein letztes Unglück ihn verschont hätte, unter allen einen sehr bedeutenden Anblick. Denn gerade er war der Mann, dessen Geburtsadel die reichlichen Gaben, die Gott auf ihn gehäuft hatte, aufs höchste adelten: Schreiber mit der gestochensten Schrift, Lehrer von grösster Anschaulichkeit, Maler von einer solcher Anmut, wie man sie im Rund der äusseren Holzdecke der St.Gallus-Kirche sehen kann. Ihn hatte Herzog Heinrich von Bayern von Abt Craloh zum Lehrdienst in Salzburg gefordert, worauf er nach einigen Jahren die Abtei Altaich gewann. Als er dort etliche Jahre regiert hatte, grämte er sich in seinem Herzen, dass er dem Kloster des heiligen Gallus so lange fernbleiben musste, liess darum die Abtei dort im Stich und suchte sein Kloster wieder auf, wo man ihn mit Sehnsucht erwartete. Er wurde für ein Jahr unser Dekan. Und weil alljährlich nach römischer Sitte die Ämter bei uns zu wechseln pflegen, liess er sich im Breisgau zum Propst einsetzen, hierzu gedrängt in Rücksicht auf die schutzbedürftigen Verwandten, die dort sehr zahlreich sassen. Daselbst brachte er viel Irriges auf das genaueste wieder in Ordnung. Als er nun einmal zur Rückkehr ins Kloster aufgebrochen war, ritt er nahe bei dem Hofe Wil mit Gerhard, dem späteren Abt, voraus, um das restliche Psalmenpensum zu Ende zu bringen, nachdem er bereits gespiesen hatte. Die Diener aber, mit seinen Gewohnheiten wohl vertraut, trieben weit hinter ihm auf schnellen Pferden ihre Possen und preschten endlich hinter ihm her. Der Zelter aber, auf dem Kunibert sass, spürte die Feurigkeit der Pferde hinter sich und begann kopfschüttelnd zu tänzeln. Und als Kunibert das Pferd parierte, damit es nicht durchgehe, bäumte es sich auf und warf den Mann, der bejahrt und beleibt war, ab. Auf seinen Lippen aber schwebte gerade, wie es heisst, jener Psalmvers: 'Venientes autem venient cum exultatione – Sie werden wiederkommen mit Frohlocken.' (Psalm 125,6). Das Wort 'cum exultatione – mit Frohlocken' sprach er mit erhobener Stimme, da ihn die Furcht vor dem Sturz übermannte, als sein letztes Wort. Da er aber niederstürzte und rasch sich wieder aufrichtete, sprang Gerhard vom Pferd und hielt ihn, als er abermals zurücksank, fest und bettete, indem er sich setzte, sein Haupt in den Schoss. Und derweil die Männer nach Wasser liefen, tat er einen tiefen Atemzug und verschied. Das war das Ende Kuniberts, der von grosser Statur war und ehrwürdig weissem Haar und den meisten als überaus heiliger Mann erschien. Sein Leib aber wurde nach dem Kloster gebracht und hier auf dem Friedhof unter gar vielen Tränen bestattet.»

Sinnspruch aus barocker Volksweisheit

Memento monumenti omni momento –
Gedenke deines Grabmales zu jeder Zeit!

«All Augenblick sei eingedenk,
dass Tod dich deinem Grab einsenk.
In einem Punkt die Zeit ist aus,
zerbrichst gleich wie der Spinnen Haus.»

Der geblendete Mönch Victor – Der Tod des Eremiten (nach 991)

Neben hochgemuten Zeiten, die sogar zu Hochmut verlocken konnten, gab es im Galluskloster wie in jeder menschlichen, selbst christlichen Gemeinschaft gottgewollt die Zeiten der Schwermut, der Missstimmung, des Missverständnisses. Sie waren im 10. Jahrhundert verursacht durch den Einfall der Ungarn (926), durch oftmalige Bedrohung eingedrungener Sarazenen, besonders aber durch den verheerenden Klosterbrand (937), wodurch die Zucht der «Unfügsamen unter den Unsrigen» schwer erschüttert wurde. Dazu gesellten sich Zwiste zwischen den Mönchen alemannischer und rätoromanischer Herkunft, vor allem zwischen dem hartherzigen Abt Craloh und dem aus edler rätischer Familie stammenden jungen, gebildeten, aufrührerischen, jedenfalls temperamentvollen Mönch Victor. Dieser hoffte auf die Übernahme der rätischen Abtei Pfäfers, die eher widerrechtlich noch seit Abt Salomon der Abtei St.Gallen unterstellt war. Abt Craloh jedoch verunmöglichte diese Hoffnung, womit er sich auch mit Victors einflussreicher Familie zerstritt. Abt in Pfäfers wurde schliesslich Victors Verwandter Enzelin (um/nach 958).

Ekkehart IV. berichtet in den «Casus sancti Galli» mit vielen unerbaulichen Einzelheiten über Craloh und Victor, die eine beidseitige Schuld erkennen lassen, so beispielsweise die in der Regel zwar vorgesehene, diesfalls aber höchst unpsychologische Geisselung des jungen Victor durch den ihm mehrfach unterlegenen Abt Craloh. Ihren geradezu schrecklichen Tiefpunkt erlebte diese Schuld in der Blendung Victors, die letztlich Abt Craloh zu verantworten hatte. Er musste sich aus St.Gallen für immer zurückziehen, weil er vor der Blutrache der mächtigen Verwandtschaft Victors um sein Leben fürchtete. Victor aber war körperlich so gebrochen, dass er sich «in guten Werken zu üben begann» und dank Bischof Erkanbald von Strassburg im Elsass als Eremit zu wirken vermochte und schliesslich nach 991 wie ein Heiliger starb.

Die genauen Lebensdaten Victors sind nicht überliefert. Doch die Tragik um den jungen und rebellischen, schliesslich aber geblendeten und gebrochenen, in hohem Alter als gereifter und verehrter Einsiedler gestorbenen Mönch spielte sich unter den St.Galler Äbten Thieto (933–942) und Craloh (942–958) sowie dem vermittelnden Augsburger Bischof Ulrich (923–973) und dem versöhnenden Strassburger Bischof Erkanbald (965–991) ab. Ekkehart bestätigt seinen geradezu anteilnehmenden Bericht mit der abschliessenden Versicherung, er habe persönlich das verehrte Grab des «heiligen Victor» aufgesucht.

Der rebellische Mönch Victor aus Rätien erleidet in St.Gallen die grausame Blendung und erlebt die seelische Reifung zum heiligen Eremiten
Aus den Casus sancti Galli von Ekkehart IV. vor 1050.

«Die Zeit ging dahin, und es geschah, dass Victor beim Dekan um die Erlaubnis bat, zu Freunden hinauszugehen; in Wahrheit gedachte er, den neuen Abt Enzelin (in Pfäfers) aufzusuchen, um sich über Cralohs Schaden lustig zu machen oder gar ganz bei jenem zu bleiben. Nun hinterbrachte man dem Abt, der sich damals auswärts aufhielt, Victor betreibe hinter seinem Rücken unter nicht geringen Kosten seinen Weggang. Da gab er einem seiner Vasallen, der am Wege Victors wohnte, ganz heimlich den Wink, auf ihn acht zu haben und ihn auch wider Willen in sein Kloster zurückzuführen. Niemand nämlich unter den Angehörigen des Gallus(-Klosters) hätte es gewagt, einem Mann aus so hohem Geschlecht Gewalt anzutun. Victor wurde beobachtet und überrascht; man drängte ihn, zurückzukehren, zuerst im Guten, dann, als er sich weigerte, mit Lanzenstössen. Er hingegen packte den nächsten besten Knüppel und traf den Ritter genau am Kopf, dass er halbtot vom Pferde stürzte. Wie er aber fiel, drangen alle seine Leute zugleich auf Victor ein, warfen ihn vom Pferd und rissen ihm – oh weh! – in der Wut die Augen aus. Der Ritter aber kam erst wieder zu sich, als Victor bereits geblendet war; und er betrübte sich sehr, da er überzeugt war, dass er hiernach fern vom eigenen Haus als Verbannter leben müsse. Tatsächlich wurde er einige Zeit später bei einer Begegnung mit Freunden Victors umgebracht, und seinen Knappen, der an dem Verbrechen teilgenommen hatte, knüpften sie an einem Baume auf.»

«Victor wurde durch den Wald zu den nächsten Hütten, wo Rinderhirten des Klosters wohnten, getragen und seine Blendung den Brüdern im Kloster angezeigt. Und es entstand im Kloster eine heillose Verwirrung, wobei fast alle die Untat auf die Überheblichkeit des Abtes schoben. Victors Schüler und viele von den Brüdern liefen eilends zu ihm, und wie sie ihn so des Augenlichts beraubt sahen, mischten sie ihre Trauerklagen mit Wehgeschrei zum Himmel empor. Als schliesslich der Abt die Sache erfuhr, schob er bei der herrschenden Aufregung seine Rückkehr hinaus. Nach dem Rat seiner Getreuen aber achtete er darauf, dass er nicht ohne Waffenschutz blieb, hatten sie doch wilde Drohungen von den Verwandten des Blinden gehört... Victor wurde dann durch Notker den Arzt binnen kurzem an den Augenhöhlen geheilt, und er übte sich hernach in guten Werken. Und um kurz zu streifen, was ich über ihn in Erfahrung gebracht habe: Ein Bischof von Strassburg, namens Erkanbald, der aus seiner Sippe war, nahm zur Zeit des Abtes Purchard mit dessen Zustimmung Victor zu sich, seiner Gelehrsamkeit wegen und um sein trauriges Los zu erleichtern. Und dank Victors gelehrter Begabung brachte er seine Stadt zur Blüte. Schliesslich aber starb der Bischof, und Victor bezog nach dem Tode eines Eremiten dessen Zelle im Hochfeld-Gebirge, Longuemer genannt, und bewohnte sie viele Jahre hindurch. Und während er in seinen letzten Tagen viele Wunder wirkte, wie man dort rühmt, beschloss er sein Leben als ein weitum verehrter hochheiliger Greis.»

Ekkehart IV. entdeckt im Elsass das Grab des Eremiten Victor

Aus den Casus sancti Galli von Ekkehart IV. vor 1050.

«Ich bin nun auch persönlich an den Ort gekommen, und zwar zu einem Einsiedler, der damals hohes Ansehen genoss; und als ich unterm Gespräch ein bestimmtes Grab erblickte, das mehr als die übrigen verehrt schien, erkundigte ich mich, wessen Grab das sei. 'Des heiligen Victor', sagte er. Und in kurzen Worten erzählte er dessen Leben und Schicksale, die mir jedenfalls vertrauter waren, wobei er hinzufügte, dass über jenen

Grabhügel hinweg sich nichts Giftiges lebend fortbewegen könne. Man kann aber dort viele ungeheuer grosse Schlangen sehen und garstiges Gewürm. Bis hierher über Victor!»

Sinnspruch aus dem Evangelium (Lukas 23, 42f.)

Einer der Missetäter, die mit Jesus am Kreuz hingen, sprach:
«Jesus, gedenk meiner, wenn du in dein Reich kommst!»
und Jesus sprach zu ihm: «Wahrlich, ich sage dir:
Heute noch wirst du bei mir im Paradiese sein.»

Bischof Sankt Wolfgang – Der vorausgesagte Tod (994)

Mit Sankt Otmar steht nicht nur der Tod des Bischofs Sidonius von Konstanz, sondern auch der Tod des Bischofs Wolfgang von Regensburg in Beziehung – wenn auch in gänzlich anderem Zusammenhang und in völlig verschiedenen Jahren: Otmar starb 759, Sidonius 760, Wolfgang aber erst 994 (zu Bischof Sidonius siehe hier S. 32–34).

Wolfgang, geboren um 924 wahrscheinlich in Pfullingen/Nordschwaben, ausgebildet in der Reichenauer Klosterschule und in der Würzburger Domschule, wirkte an der Trierer Domschule, leitete 965 die Einsiedler Klosterschule, wo er vom Augsburger Bischof Sankt Ulrich zum Priester geweiht und 971 zur Missionierung in Ungarn aufgefordert wurde. Das Unternehmen misslang, der Benediktinermönch Wolfgang wurde von Bischof Pilgrim von Passau zurückgerufen und 973 als Bischof von Regensburg eingesetzt.

Bemerkenswert ist Wolfgangs Verehrung des mehr als zweihundert Jahre älteren Abtes Sankt Otmar von St.Gallen, dessen unvergessene Lebens- und Leidensgeschichte er schon auf der Reichenau, dann in Einsiedeln und zweifellos auch im Nachbarkloster St.Gallen kennen gelernt hatte. Otmar hatte in St.Gallen eine vorbildliche Benediktinerabtei geleitet, und Wolfgang blieb auch als Bischof bewusst der benediktinische Ordensmann. Als solchen schildert ihn der gelehrte Mönch Otloh von St.Emmeran in Regensburg in der «Vita sancti Wolfkangi». Er erwähnt deshalb auch Wolfgangs Vision des heiligen Otmar in Einsiedeln, der ihm die Zukunft und den Tod vorausgesagt habe, sowie Wolfgangs erbaulichen Tod in einer dem Otmar geweihten Kirche, die damals zum Bistum Regensburg gehörte: nämlich im oberösterreichischen Pupping bei Linz im heutigen Bezirk Eberding, wo damals noch ein Donauarm vorbeifloss, am 31. Oktober 994. Bestattet wurde Wolfgang in seiner Bischofsstadt Regensburg, aber nicht in der Kathedrale, sondern wunschgemäss in der Benediktinerkirche zu St. Emmeran.

Sankt Otmar sagte dem Mönch Wolfgang die Zukunft und den Tod voraus

Aus der Vita sancti Wolfkangi von Otloh von Regensburg um 1050.

«Weil Wolfgang für sein Heil und das der anderen beständig betete und solche Bitten der Fürsprache der Heiligen anvertraute, schaute er in Traumbildern den seligen Bekenner Otmar, dem er sich und das Seinige oft empfahl, neben sich treten. Von ihm vernahm er solche Worte: 'Weil du mich ersucht hast, mich für dich zu verwenden, offenbare ich dir jetzt etwas Zukünftiges, das dir kraft meiner Vermittlung begegnen wird. Du wirst arm und mittellos aus dieser Gegend ausziehen. Aber in einer anderen, in der du aus Liebe zum Herrn verbannt sein wirst, wirst du durch göttliche Vorsehung ein Bistum übernehmen. Wenn du dich in dessen Verwaltung als treu erweisest, wirst du nach Verlauf von zweiundzwanzig Jahren das flüchtige Leben vollenden. Und ohne Zweifel sollst du wissen, dass du die Seele dem Schöpfer zurückgeben wirst an der Stelle, wo unter dem Namen Christi mein Gedächtnis von Christen geehrt wird. Dorthin hoffe ich, zur Stunde deines Auszugs aus dem Ägypten dieser Welt als Tröster zu dir zu kommen.' Derart nahm er die Vision um so fester auf, als er seinen Sinn ständig auf die göttliche Betrachtung ausrichtete.»

Sankt Wolfgang stirbt in einer dem heiligen Otmar geweihten Kirche

Aus der Vita sancti Wolfkangi von Otloh von Regensburg um 1050.

«Nach vielen Taten der Frömmigkeit und der Geduld, durch die er Gott zu dienen trachtete und die ihm anvertraute Kirche leitete, begann Bischof Wolfgang Fieber zu bekommen, als er wegen dringender Angelegenheiten in das östliche Gebiet von Bayern zu reisen hatte. Als er mit dem Lauf der Donau an den Ort kam, der Pupping genannt wird, vermochte er nicht weiter zu ziehen, weil die Zeit des Sterbens nahe war. Dort erkannte er durch die Gnade, die ihn von oben besuchte, dass rasch zu vollenden sei, was ihm einst durch eine Vision geoffenbart worden war. Und er befahl, dass er in die Kapelle des heiligen Otmar, die dort stand, getragen werde, und dass er vor dessen Altar hingelegt werde. Als das geschehen war, erholte er sich ein wenig von der Schwäche und setzte sich auf, und durch die Beichte entsühnte er sich. Hierauf ermahnte er alle, die da waren, zum Glauben, zur Hoffnung und zur Liebe und befahl sie und alle, die ihm anvertraut waren, mit innigsten Seufzern Gott und dessen Heiligen an. Sowie er das Sterbesakrament empfangen hatte, warf er sich auf den Boden nieder. Nun versuchten die Küster, alle aus der Kirche zu treiben ausser den Freunden, die nach der Sitte bei ihm blieben. Doch der Mann Gottes hinderte sie und sprach: 'Öffnet die Türen, hindert keinen, der da eintreten will. Wir nämlich, die sterblich sind, müssen uns nicht schämen, es sei denn der schlechten Taten wegen, wenn wir die unvermeidliche Todesschuld abtragen. Hat sich doch auch Jesus Christus, der dem Tode nichts schuldete, nicht geschämt, am Kreuz beinahe nackt zu sterben für das Heil des sterblichen Geschlechts. Jeder mag an unserem Sterben sehen, wovor er sich beim eigenen Sterben ängstigen und hüten soll. Gott wolle sich erbarmen über mich armen Sünder, der jetzt den Tod erduldet, wie über jeden, der ihm ängstlich und demütig entgegenschaut.' Als er das gesagt hatte, schloss er ehrerbietig die Augen, und wie im Schlafe liegend starb er im Frieden.»

«So übergab er die Seele den heiligen Sternen des Himmels. Willst du die Zeit erfragen, Leser, wann dieses denn eintrat: Als der November begann, war's just am Tage, der vorausging.»

Sinnspruch aus dem Buch Jesus Sirach (1, 12f.)

«Die Gottesfurcht macht das Herz froh;
sie gibt Freude, Frohsinn und langes Leben.
Dem Gottesfürchtigen geht es am Ende gut;
am Tag seines Todes wird ihm Segen.»

Abt Purchard II. – Der Tod durch Pest (1022)

Die Pest, gefürchtet als der «Schwarze Tod», war im Mittelalter und bis zur Schwelle der Neuzeit die unheimlichste Seuche mit riesigen Menschenverlusten, die auch in St.Gallen – in Kloster, Stadt und Landschaft – sporadisch als «Geissel Gottes» wütete. Eine der ersten mit den Namen der Opfer nachweisbare Pestepidemie suchte das Galluskloster schon im Jahr 1022 heim. Sie war nicht in St.Gallen, sondern im Heer des Kaisers Heinrich II. auf der Rückkehr von Heinrichs drittem Italien-Feldzug ausgebrochen. Und in diesem Heer waren Abt Purchard II. mit zwei Begleitern aus St.Gallen die Todesopfer – und durch das Heer wurde die Seuche in das Kloster eingeschleppt und verursachte weitere schmerzliche Todesfälle.

Abt Purchard, der hier schon als Neffe des Dekans Ekkehart I. (siehe S. 63) genannt worden ist, war in den Jahren 1001–1022 der verdienstvolle Vorsteher des Gallusklosters. Er stellte die gelockerte Klosterzucht wieder her und brachte verlorene Klostergüter zurück; er erneuerte auch die Konventsgebäude und vermehrte den Kirchenschatz. Als nun Kaiser Heinrich II., der Heilige, 1021 zu seinem dritten Feldzug nach Italien aufbrach, um im Einverständnis mit dem Papsttum die königliche Autorität in Unteritalien wieder zur Geltung zu bringen, musste Purchard als einer der Reichsäbte das «Servitium regis» erfüllen und mit heerfähigen Begleitern dem Kaiser folgen, gleich wie Bischof Rudhart von Konstanz. Als auf dem Rückweg 1022 die Pest den grössten Teil des Heeres hinwegraffte, blieben der Bischof, der Abt und mehrere der Begleiter nicht verschont. Bischof Rudhart starb schon am 28. Februar 1022, Abt Purchard am 17. Juli 1022; er fand sein Grab in fremder Erde, was man im Kloster sehr bedauerte, galt er doch als «hochfeiner Spiegel der heiligen Kirche» («elegantissimum sanctae Ecclesiae speculum»). In St.Gallen, wo man dann noch weitere Todesopfer zu beklagen hatte, zeigt sich die nachwirkende Erschütterung in den ausführlichen Einträgen, die man damals in die Geschichtsbücher einschrieb: Zeugnisse vom erschreckenden, unheilbaren Tod durch die Pest. Zwei derselben seien hier wiedergegeben, selbst wenn sie teilweise beinahe identisch sind, weil sie von daran Beteiligten stammen.

Bericht in den Grösseren St.Galler Annalen
Aus den Annales Sangallenses maiores zu 1021/1022.

«Kaiser Heinrich brach mit schwerer Macht in Apulien ein, wurde von den zustimmenden Beneventanern ehrenvoll und grosszügig empfangen und zwang Troia (eine griechische Festung im Gebiet von Benevent), sowie Capua, Salerno und Neapel, Städte seines Reiches, die zu den Griechen abgefallen waren, zur Unterwerfung. Von diesen erwies sich Troia, das mit stärksten Kräften und jeglichem kriegerischen Gerät höchst befestigt war, als eine länger dauernde Verzögerung des Sieges. Endlich, wenn auch nach vielen Angriffen mit Verwundeten und Gefallenen in seiner Selbstverteidigung, ergab es sich im dritten Monat der Belagerung bittend in die Hand des Kaisers und verdiente so seine Unverletzlichkeit und die mit Eidschwur gegebene Gnade des Siegers. Nach Ordnung der Dinge kehrte man zurück und führte den Fürsten von Capua gefangen mit. Aber beim Auszug aus Italien erfasste die Pest das Heer und rieb es zum grössten Teil auf, so dass die Körperschaft des Römischen Reiches (deutscher Nation) des Verlustes so vieler ihrer Glieder nicht ohne Jammer und Schmerz gedenken konnte. Der Sommer war schauderhaft; er setzte die Sterblichen mehr als gewöhnlich durch Donner und Blitz in Schrecken; ein donnernder Wirbelsturm von Westen erschütterte die Gebäude und entwurzelte die Bäume. Der Herr Abt Purchard, dieser hochfeine Spiegel der heiligen Kirche, sowie Ymmo und Purchard, Jünglinge guter Begabung, kamen in jenem Feldzug um. Notker, in unserer Erinnerung der gelehrteste und gütigste aller Menschen, ferner Heribert und zwei Ruodberte, Männer von höchster Unbescholtenheit, Tietrich und Liutold starben an jener weithin wütenden Krankheit. Auch Rudhart, der Konstanzer Bischof, verschied. Ihm folgte Heimo, und Thietbald wurde Abt in St.Gallen.»

Bericht in der Fortsetzung der Ekkehart'schen Klostergeschichten
Aus der Continuatio secunda der Casus sancti Galli zu 1021/1022.

«Nachdem das Reich gefestigt war, sagte Kaiser Heinrich II. auf den Rat der Reichsfürsten einen Feldzug in die Campania an. Auch unser Abt Purchard wurde aufgeboten. Wo man das vernahm, waren alle, die Brüder, der Klerus und das Volk, in gemeinsamer Trauer bewegt, und jeder einzelne wünschte die Gefahren, die ihrem Abt auf diesem Weg bevorstanden, auf sich selbst zu nehmen. Als er ihnen sein letztes 'Lebet wohl' gesagt hatte, erfüllten sie bei seinem Weggang den Himmel mit Flehen und Trauer. Heinrich besetzte mit seinem Heer die Campania, betrat Benevent, belagerte und eroberte Troia. Neapel, Capua, Salerno und alle anderen dortigen Städte nahm er in deren Übergabe ein. Und gewissen Normannen, die in jener Zeit dort zusammenkamen, gab er in jenen Gegenden Land. Er durchquerte Rom und kehrte als Sieger nach Deutschland zurück. Im Heer brach die Pest aus und brachte viele um, unter welchen auch Bischof Rudhart von Konstanz und unser Purchard starben. Auch unser Magister Notker (III.) und andere hervorragende Brüder in St.Gallen schieden dahin. Purchard wurde ehrenvoll in die Festung, die deutsch 'Franchon-Munstere' (Frankenmünster, Castelfranco) heisst, übertragen und dort mitten in der Kirche beigesetzt, wie ich selbst ebendort von den Kanonikern der Kirche vernommen habe. Durch viele Wunder wird täglich bezeugt, wie sehr er bei Gott ist. Uns aber ist höchst bedauerlich, dass seine Asche nicht bei uns ist. Aber wie er als Lebender diese Stätte geliebt hat, bittet er – wie wir hoffen – jetzt bei Gott für sie.»

Sinnspruch aus den Paulusbriefen (2. Korinther 5, 1)

«Wir wissen: Wenn unser irdisches Zelt abgebrochen wird,
erhalten wir ein von Gott gebautes Haus, ein ewiges Haus im Himmel,
das nicht von Menschenhand erbaut ist.»

Notker Labeo – Der öffentliche Tod (1022)

Das Leitwort «Der öffentliche Tod» mag erstaunen, da der Tod heutzutage die privateste, die heimlichste, die verschwiegenste Angelegenheit ist – wobei allerdings zu bedenken ist, dass recht manche Sterbende dankbar wären, wenn ein mitfühlender Mitmensch ihnen wenigstens die Hand halten würde. Im Mittelalter war – so Philippe Ariès – «der Tod eine öffentliche und genau festgelegte Zeremonie, sie wird vom Sterbenden selber organisiert... Das Zimmer des Sterbenden wandelte sich zur öffentlichen Räumlichkeit mit freiem Eintritt... Wichtig war, dass Eltern, Freunde oder Nachbarn zugegen waren... Diese alte Einstellung, für die der Tod vertraut war, stellt sich in schroffen Gegensatz zur unsrigen, bei der der Tod uns Angst einflösst, bis zu dem Grade, dass wir nicht mehr wagen, ihn beim Namen zu nennen.» Was der Historiker hier vom öffentlichen Tod festgestellt hat, bewahrheitete sich sozusagen wörtlich beim Tode Notkers III. in St.Gallen im Jahr 1022. Hatte doch schon Bischof St.Wolfgang 994 verlangt, die Türen der St.Otmars-Kirche, in der er sterbend lag, offen zu halten, da man sich des Sterbens «nicht schämen müsse, es sei denn der schlechten Taten wegen» (siehe hier S. 78).

Wer war dieser Notker, der öffentlich zu sterben wünschte? Er war der dritte der drei gleichnamigen Magistri in der St.Galler Klosterschule, die in die Kulturgeschichte eingegangen sind: Notker I. Balbulus – der Stammler, der Dichter und Vertoner der liturgischen Sequenzen, gestorben 912; Notker II. Piperisgranum – Pfefferkorn, der Arzt, gestorben 975; Notker III. Labeo – der Grosslippige, auch schon damals Teutonicus – der Deutsche genannt, gestorben 1022 in öffentlicher Todeszeremonie. Der Beiname «der Deutsche» in einer Zeit, da die ganze Bildung und Literatur lateinisch waren, wirkt erstaunlich.

Notker, der die lateinische Sprache bis in alle Feinheiten beherrschte, übertrug als erster Bücher der Bibel und der Wissenschaft für seine Klosterschüler in die althochdeutsche Muttersprache und schuf so eine deutsche wissenschaftliche Prosa.

Und dieser Notker, geboren um 952 aus der toggenburgisch/thurgauischen Gutsbesitzerfamilie der Notkere, als Mönch in St.Gallen ebenso fromm wie gebildet, starb am 28./29. Juni 1022 eines erbaulichen, geradezu öffentlichen Todes. Ekkehart I. war sein Onkel gewesen (siehe hier S. 63), Ekkehart IV. aber war der dankbare Schüler dieses «gelehrtesten und gütigsten unter allen Menschen» – er war auch der ergriffene Augenzeuge seines Todes. Ursache des Todes war die Pest, die im Heer Heinrichs II. auf der Rückkehr von des Kaisers drittem Italien-Feldzug ausgebrochen war und durch Teilnehmer in das Kloster St.Gallen eingeschleppt wurde (siehe hier S. 79–81). Daran erkrankte neben anderen «hervorragenden Brüdern beim heiligen Gallus» der friedliche Notker.

Ekkeharts Nachruf auf Notker, von ihm eigenhändig in den Sammelband seiner Dichtungen (Codex 393 der Stiftsbibliothek) eingeschrieben und laufend mit Ergänzungen und Glossen durchsetzt, umfasst 22 lateinische Verse, in leoninische Hexameter gefasst, im Gedicht «De aliis sincellitis amborum» (das heisst: über die späteren «Zellengenossen» der heiligen Gallus und Otmar). Weil die Glossen – von Ekkehart selber teilweise an die Ränder, öfters sogar zwischen die Zeilen geschrieben – den Inhalt der Dichtung wesentlich erläutern, darf eine ganzheitliche deutsche Übertragung nicht einfach nur die 22 Verse wiedergeben, sondern muss in einer Art Totalübersetzung eine möglichst getreue wie vollständige Nacherzählung Ekkeharts bieten. (Die Glossen werden hier in Klammern gesetzt). Sie sei folgenderweise unternommen:

Der Bericht des Augenzeugen Ekkehart IV. über das Sterben seines Lehrers Notker III.

Aus dem Gedichteband «Liber benedictionum» Ekkeharts nach 1022.

«Notker, der als erster die 'barbarische Sprache' geschrieben und geniessbar gemacht hat (Glosse: Deutsch übertrug er aus Liebe zu den Schülern mehrere Bücher), hat öffentlich seine Beichte abgelegt, hat am Leib nicht besonders gelitten, starb aber an jenem Tag, da er das Buch 'Job' (Glosse: ein bewundernswertes Werk) mit seinem Calamus in das vierte Sprachgefäss (hebräisch-griechisch-lateinisch – jetzt deutsch) übertragen, ja geradezu bewältigt und damit verständlich gemacht hatte. Das Schwergewicht Gregors (Glosse: das Buch 'Moralia' von Papst Gregor dem Grossen) lud er als zweiter (erster war der lateinische Gregor, zweiter war der deutsche Notker) seinem Rücken auf, nachdem er die 'Sprüche Davids' mit ähnlicher Kraft gemeistert hatte. (Glosse: Gemeint ist das Psalterium, an dem sich alle sehr erfreuen, die es deutsch lesen können. Selbst die Kaiserin Gisela, die auf Notkers Werke sehr begierig war, liess sich 1027 das Psalterium und den 'Job' sorgfältig abschreiben.) Dieser dritte der drei gleichnamigen Geisterfüllten strebte zur Zeit der ersten Vesper (am Abend des 28. Juni) vor dem Festtag St.Peters (gefeiert jährlich am 29. Juni) zu den Sternen (Glosse: selber noch hatte er in der Kirche unter Tränen die Vesper gesungen), war er doch ein grosser Verehrer des Petrus. (Glosse: An den Petrus-Gedenkstätten betete er stets eifrig. Und mir pflegte er zu sagen: 'Bitte, Ekkehart, den Pförtner des Himmels, dass er ihn dir öffne! Hoffe auf ihn, er wird es tun!') Hierauf bat er kniend und klagend die Brüder: 'Psallieret, damit mir Petrus eine fröhliche Komplet bereitet!' (Glosse: Damit meinte er seinen eigenen Tod. Noch mit eigener Kraft kehrte er aus der nahen St.Peters-Kapelle in das Kloster zurück, wobei wir nicht ahnten, dass sein Ende bevorstand). Dann aber sagte er: 'Öffnet die Pforten, mir selber fehlen schon die Kräfte, damit jetzt alle Bedürftigen, die ihr zu bitten vermögt, zu uns kommen; denn ich möchte sie bei meinem Sterben hier essen und trinken sehen!' (Glosse: Auch vor den Armen legte er seine Beichte ab. Dabei war ihm das Schwerste, dass er als Jüngling im Mönchshabit einen Wolf getötet hatte – wozu einer der einfacheren Klosterbrüder meinte: 'Hättet Ihr doch nur alle Wölfe erschlagen!' – und dass er noch als Siebzigjähriger zweimal beschämende Träume erlitten hatte). Die Türen standen also offen. (Glosse: Das Haus war voll von Armen, die mit ihrem üblichen Lärm selbst uns belästigten). Er aber stand mit erhobenen Händen da und bat, dass er bei der Bestattung nicht mehr als jetzt entblösst, sondern nach des Gallus' Vorbild von einer Busskette umgürtet bestattet werde. Er betete ein wenig, er sank zurück, er entschlief. Das war das Ende des Menschen, der seinesgleichen an Bildung nicht mehr hat und gänzlich erfüllt war von der Gnade des Geistes. Ihn beweinen mit Recht, die nun einen ihm ähnlichen vermissen.»

Sinnspruch aus den Paulusbriefen (Philipper I, 20–23)

«Ich hoffe, dass Christus an meinem Leib verherrlicht wird,
ob ich am Leben bleibe oder ob ich den Tod erleide.
Denn Christus ist für mich das Leben, und Sterben ist mir Gewinn.
Ich habe den Wunsch, aufgelöst zu werden und bei Christus zu sein;
das ist bei weitem das beste.»

Abt Heinrich von Klingen – Der Weg allen Fleisches (1204)

Es gab in der langen Geschichte der Abtei St.Gallen – vom heiligen Gallus (gestorben um 650) bis zu Pankratius Vorster (gestorben 1829) – bedeutendere Äbte als Heinrich von Klingen, der dem Kloster in den vier Jahren 1200–1204 vorstand. Aber er wird nun in unseren Geschichten vom «Kostbaren Tod» deshalb hervorgehoben, weil der damalige Geschichtsschreiber Conradus de Fabaria die Kurzbiographie des Abtes anscheinend als erster in St.Gallen mit dem biblisch inspirierten Spruch abschloss: «Er ging den Weg allen Fleisches.» Erstmals findet sich im Buch Genesis (6,13) das Wort, das Gott vor Verhängung der Sündflut zu Noe sprach: «Das Ende allen Fleisches kommt vor mich» («Finis universae carnis venit coram me»). Ähnlich sprach Hiob (16,23): «Ich gehe den Weg, auf dem ich nicht mehr zurückkommen werde» – also den Weg allen Fleisches.

Diesen Weg ist auch Abt Heinrich von Klingen gegangen. Er wird in der Klostergeschichte als ausgezeichneter Ökonom aufgeführt. Denn er vermochte die von seinem Vorgänger verpfändeten Höfe und veräusserten Klostergüter zurückzukaufen und trotzdem schuldenfrei zu leben und zu sterben; er verschied am 16. Dezember des Jahres 1204.

Abt Heinrich, ein getreuer Ökonom, geht den Weg allen Fleisches

Aus der Continuatio casuum sancti Galli von Conradus de Fabaria um 1226/1234.

«Abt Heinrich, ein Mann von erheblichem Ansehen, nobel durch Abkunft, Persönlichkeit, Verhalten und Fürsorge, von Klingen (im Thurgau) stammend, war mit Glück gesegnet. Er setzte sich selbst, zusammen mit dem ganzen Besitz der Kirche, in jeder Hinsicht für den Bestand des Reiches ein, das damals auf unsicheren Füssen stand... Er selbst verstand es, die Unterworfenen zu schonen, die Stolzen aber zu bezwingen, war begierig nach Anerkennung, wurde leicht in Zorn versetzt und augenblicklich zu Mitleid bewegt. Indem er sich für alle zu allem machte, erwies er sich den Geringen als Geringer, den Grossen aber als noch Grösserer. Als er sich in den letzten Augenblicken seines Lebens befand, wurde er von einigen seiner Vertrauten gemahnt, seinen Besitz an Geld und Hausrat zu verteilen, worauf er folgende Antwort gegeben haben soll: 'Weder mir noch anderen Prälaten ist es erlaubt, Besitz der Kirche zu zerstreuen, weil wir ihn, ist er einmal zerstreut, auf keine Weise wieder einzusammeln vermögen.' Damit gab er seinen Nachfolgern das warnende Beispiel, zusammengetragenes Gut nicht auseinanderzuzerren, weil man Zerstreutes nicht wieder zusammenbringt. Und er ging den Weg allen Fleisches.»

Sinnspruch aus evangelischen Kirchenliedern (17. Jahrhundert)

Zum Silvester

Nun das Jahr zu Grabe fährt,
Falt ich meine Hände.
Was hier unten geht und kehrt,
Nimmt ein rasches Ende.

Du allein bleibst immerdar
Ohne Ziel und Schranken.
Unser Leid währt achtzig Jahr,
Ewig unser Danken.

Abt Ulrich von Sax – Der Tod in Not (1220)

Abt Ulrich aus dem Grafengeschlecht der Sax-Misox stand der Abtei St.Gallen in den kriegerisch bewegten Jahren 1204–1220 vor. Sie war damals politisch und materiell höchst einflussreich; sie war aber nicht mehr die Stätte benediktinischer Weltflucht, sondern eine verweltliche Adelsresidenz sich betrügender und bekämpfender Adelsgeschlechter. Abt Ulrich, begünstigt von den Königen Philipp und Friedrich II., mit den Pontifikalien ausgezeichnet von den Päpsten Innozenz III. und Honorius III., Teilnehmer am lateranischen Konzil 1215, aber ohne die kirchlichen Weihen, dagegen kriegslustig und familienbegünstigend, gebildet und durch seine Wöchnerinnenfürsorge geradezu sozial gesinnt, liess seine Mönche zu Stiftsherren werden, die ohne Gemeinschaftsleben und ohne Chorgebet ihre eigenen Häuser bewohnten.

Aber selbst dieser verweltlichte Abt überliess sich zuletzt bewusst dem Leiden und Sterben. Begreiflich ist, dass es ihm nach einem Leben der inneren und äusseren Ruhelosigkeit schwer fiel, die Ruhe im Tod zu finden. Der Historiograph schreibt deshalb, er sei «in grosser Not im Todeskampf gelegen» («in magna agonizans tribulatione»), bis er am 23. September 1220 seinen Geist aufgeben konnte – allerdings zum Schmerz der Menschen, die mit seinem Kloster in Liebe verbunden gewesen seien.

Abt Ulrich von Sax, reichs- und kirchenpolitisch tätig, erleidet in grosser Not seinen Todeskampf

Aus der Continuatio casuum sancti Galli von Conradus de Fabaria um 1226/1234.

«Nachdem Abt Ulrich in Bamberg (oder Nürnberg) alle Aufträge, die ihm von König Friedrich II. zuteil geworden waren, ausgeführt hatte und mit ihm nach Italien zu ziehen beabsichtigte, befiel ihn – wir wissen nicht auf welchen Ratschluss Gottes – ausserordentlich heftiges Fieber. Mit grosser Anstrengung wurde er nach St.Gallen gebracht, und alle empfingen ihn dort mit grosser Trauer. Dennoch war unter den Klosterbrüdern ein Geflüster, weil er vorhatte, Besitz der Kirche zur Wiederaufnahme des Krieges zwischen seinem Bruder Heinrich von Sax und dem Grafen von Montfort verdammenswert als Lehen auszugeben. Aber die Hand des Herrn und die Rache des heiligen Gallus hielten ihn vor solchem Vorhaben zurück. Als sich sein Leiden verschlimmerte und er mit dem heiligen Öl gesalbt war, sprach er in so rührenden Worten von der Verachtung der Welt zu den Brüdern und brachte sie zu einem so starken Gefühl der Reue, dass sie sich der Tränen nicht zu enthalten vermochten. In grosser Not lag er im Todeskampf, gab seinen Geist auf und fügte allen, denen unser Kloster am Herzen lag, grossen Schmerz zu. Welch ein Mann und wie beliebt er gewesen ist, bezeugen die Verse, die auf seinem Grabstein geschrieben sind:

> Missgünstiger Stein, der du einen solchen Ehrenmann bedeckst, der den Niedrigsten gleich, dennoch nicht geringer als die Höchsten war.
> Invida petra nimis, quae tantum claudis honorem,
> aequiparem minimis nec summis inferiorem.»

Sinnspruch aus den Psalmen (114, 3–9)

«Mich umfingen die Fesseln des Todes, mich befielen die Ängste
der Unterwelt, mich trafen Bedrängnis und Kummer.
Da rief ich den Namen des Herrn an: Ach, Herr, rette mein Leben!
Der Herr ist gnädig und gerecht, unser Gott ist barmherzig.
Ja, du hast mein Leben dem Tod entrissen, meine Tränen getrocknet,
meinen Fuss bewahrt vor dem Gleiten.
So gehe ich meinen Weg vor dem Herrn im Land der Lebenden.»

Abt Rudolf von Güttingen – Der Tod in Rom (1226)

Rudolf, aus dem thurgauischen Freiherrengeschlecht derer von Güttingen, Abt in St.Gallen in den Jahren 1220–1226, war mehr an Geldsorge als an Seelsorge interessiert. Er stürzte seine Abtei in Schulden, war als Pfründenjäger nicht auf Seelenheil, sondern auf Einkünfte erpicht; er erwarb hiefür sogar die einträgliche Bischofswürde in Chur, allerdings mit überaus hohen Kosten, die er dem auch auf Geld angewiesenen Papst 1224 für die Erlaubnis der Personalunion Abt-Bischof während drei Jahren zu bezahlen hatte. Das Motiv solcher finanzieller Begünstigung war bedauerlicherweise nicht die Seelsorge, sondern auf beiden Seiten die Geldsorge. Noch hatten weder Rom noch St.Gallen/Chur das Ideal der freiwillig armen Kirche des heiligen Franz von Assisi, der wie Rudolf 1226 starb, zum Vorbild genommen.

Als für den Abt-Bischof die dreijährige Dispens auszulaufen begann, wandte er sich – wiederum mit finanziellem Hintergrund – an den Kardinallegaten Konrad von Urach, der 1224/25 in unseren Landen – auch in St.Gallen – für den Kreuzzug predigte. Konrad begleitete ihn zum Reichstag in Cremona, dann zu Papst Honorius III. in Rom, erreichte aber für Rudolf die dringend gewünschte Verlängerung seiner Doppelfunktion nicht. Enttäuscht und geplagt von Schulden starb Rudolf sehr rasch, am 16. September 1226, an einem Fieber in Rom und wurde in S.Giovanni in Laterano bestattet. Wie er starb, ob eines seligen oder eines bitteren Todes, ist nicht überliefert.

Abt Rudolf, ein Verschwender, stirbt unversehens in Rom

Aus der Continuatio casuum sancti Galli von Conradus de Fabaria um 1226/1234.

«Nach einer Auseinandersetzung mit den Ministerialen im Bistum Chur wurde Abt Rudolf, als er in Apulien den Kaiser aufsuchte, mit grössten

Ehren empfangen und trat am Hoftag zu Cremona mit einer Schar von Kriegsleuten glanzvoll auf. Ein Kardinal der römischen Kirche (Konrad von Urach), den der Abt aufs freundlichste in unserem Kloster aufgenommen hatte – denn seinen Bruder hat er für zweihundert Mark zum Vasallen gewonnen -, geleitete unseren Abt nach Rom und versprach, dass er für ihn alles, was er wolle, vom Papst erlangen werde. In der Hoffnung auf dieses Versprechen liess der Abt unsere Kirche zur Schuldnerin von vierzehnhundert Mark werden (in Wirklichkeit waren es 1484 Mark). Einen Punkt – zur Mahnung eher als zum Tadel – stelle ich voran zum Nutzen aller, der Heutigen wie der Künftigen, die dies lesen werden: Sie sollen das Siegel des Konvents dem Abt oder dem ersten besten Bruder nicht auf Grund einer beliebigen Verabredung überlassen, da ja deswegen die Klöster all dies Ungemach erlitten haben. Siehe, wir haben das Weh erwartet, haben es erwartet und es erfahren, und so werden wir unter dem Dornbusch von den Stacheln der Not gequält. Der Abt aber ging den Weg allen Fleisches und mit ihm beinahe alle, die sich in seinem Gefolge befanden. Er erhielt ein prunkvolles Begräbnis in Sankt Johannes im Lateran, indes die anderen hier und dort, wie es nötig war, bestattet wurden. Aus der Erzählung einiger, die dabei waren, haben wir erfahren, dass der Kardinalbischof von Sancta Rufina (Konrad von Urach) ihm, dem Verstorbenen wie dem Lebenden, viel Fürsorge angedeihen liess.»

Sinnspruch aus klerikaler Tradition

Repentina mors – sacerdotum sors.
Jäher Tod – der Priester Los.

Brudermord im Toggenburg – Der Tod aus Missgunst (1226)

Das tragische Geschehen, von dem die lokalen und regionalen Geschichtsquellen aus dem Jahr 1226 in tiefer Anteilnahme berichten, betraf glücklicherweise nicht direkt die Abtei St.Gallen, hat aber Abt Konrad von Bussnang, den Nachfolger Abt Ulrichs von Güttingen in den Jahren 1226 bis 1239, unmittelbar und vielfach betroffen, zumindest während allen Jahren beschäftigt. Konrad entstammte der einflussreichen thurgauischen Adelsfamilie der Bussnang, war der zwar junge, aber finanzenbewusste, um Sanierung der Abtei höchst verdiente Nachfolger des Verschwenders Rudolf, verbrauchte zwar Summen für seinen Hofstaat bei Kaiser Friedrich II. und für seine kriegerischen Unternehmungen, hinterliess aber keine Schulden, ja erweiterte den Grund- und Einkommensbesitz seines Klosters – allerdings ohne besonderen Einsatz für geistige und geistliche Wirksamkeit. Aber im erschütternden Ereignis des Toggenburger Brudermordes nahm er sich des Ermordeten und seiner Eltern an, was ihm und seinem Kloster reichlich vergolten wurde.

Hier in Kürze die Geschichte der beiden toggenburgischen Grafen-Brüder: Graf Diethelm II. liess am 12. Dezember 1226 seinen jüngeren Bruder Friedrich I. aus Missgunst auf Schloss Renggerswil umbringen, worauf der Vater Graf Diethelm I., der sich auf die Lütisburg zurückgezogen hatte, zur Sühne des Brudermordes die Alt-Toggenburg und die Stadt Wil dem Abt Konrad in St.Gallen übertrug. Denn Abt Konrad, der sich auf seine geistliche Funktion besann, bestattete nach sieben trauervollen Tagen den Ermordeten und stand dessen Eltern bei. Der Abt bezahlte, um die strittige Schenkung als Kauf zu deklarieren, 600 Mark und verteidigte diesen Besitz in den folgenden Jahren mehrmals kämpferisch gegen den Brudermörder Diethelm II. Erst 1236 wurde der zehnjährige Streit mit Billigung des Kaisers Friedrich II. zu Gunsten des Abtes und seines Klosters entschieden. Soviel jetzt zum Verständnis des politischen Geschehens!

Doch nicht um politische Geschichte geht es in unserem ganzen Zusammenhang, wiewohl sie bei jedem unserer Kapitel den realen Hintergrund bieten soll, sondern um die «Geschichten vom Sterben» – sei es vom seligen oder sei es wie beim Toggenburger Brudermord vom unseligen Sterben. Darüber ist vom Zeitzeugen Conradus de Fabaria ein Bericht überliefert worden, der die Betroffenheit der Zeitgenossen unmittelbar erfassen lässt. Hier folge er, leicht gekürzt, in der deutschen Übersetzung.

Abt Konrad von Bussnang bestattet den Ermordeten und empfängt von dessen Vater die Toggenburg und die Stadt Wil
Aus der Continuatio casuum sancti Galli von Conradus de Fabaria um 1226/1232.

«Da Diethelm beim Suchen nach einer Gelegenheit, seinen Bruder Friedrich zu beseitigen, keinen anderen Weg für seinen schändlichen Plan fand, wurde Friedrich unter Vortäuschung friedlicher Absichten auf die Burg Renggerswil geladen und, mit üppigen Festgelagen bewirtet, während dreier Tage dort festgehalten. In der folgenden Nacht umzingelten die Leute Diethelms den Ungerüsteten, nachdem sie seinen Rittern, die schliefen, heimlich die Waffen entwendet hatten. Sie überwältigten den Schlafenden und ermordeten ihn, während er seinen Bruder um Hilfe anrief – freilich vergeblich, denn dieser hatte sich davongemacht, in der Hoffnung, die Toggenburg und Wil besetzen zu können. Aber weil das Gerücht ihm vorauseilte, drang er damit nicht durch. Als nun der jämmerlich hingemetzelte Leib Friedrichs während sieben schmerzens- und trauervollen Tagen unbestattet dalag, kam der ehrwürdige Abt von St.Gallen hinzu und empfing von Friedrichs Vater und Mutter allen eigenen Besitz an Ländereien, Rittersleuten und zahlreichem Gesinde und liess darüber in Gegenwart vieler eine Schenkungsurkunde abfassen. Der Bruder des traurig hingemordeten Bruders aber eilte hierhin und dorthin, voller Verlangen, das Geschehene ungeschehen zu machen, hätte er es vermocht – ein zweiter Kain, da er bei allen, sogar bei den Seinen, in Ungnade heimatlos umherirrte. Nachdem dann sein ermordeter Bruder bei uns bestattet worden war, versuchte er, in dessen Erbschaft einzutreten, hätte sich der Abt ihm nicht unerschrocken entgegengestellt. Gleichwohl schreckten den

Elenden sein Gewissen und das Geschrei des ganzen Volkes gegen ihn. Er wurde in der Öffentlichkeit durch Schmähreden und Spottgesänge immer wieder genannt. Überall war Trauer, Klage und Jammer. Zusammen mit der Mutter trauerte der Vater, weil er seiner beiden Söhne beraubt war. Er beweinte den so jämmerlich hingemordeten Jüngeren, und er beweinte auch den Älteren, der sich so ungeheuerlich am Bruder vergangen und Gott und die Menschen seiner Schande unversöhnlich gemacht hatte.»

«Der ehrwürdige Abt nutzte seine klare Voraussicht und kam der Unverschämtheit des Übeltäters und der beträchtlichen Frechheit seines Ansinnens zuvor, indem er einen Teil der Besitzungen, die vom Vater seinem Kloster übertragen worden waren, Laien zu Lehen gab, damit er leichter die Alt-Toggenburg und die Stadt Wil innehalten konnte. Vorgeladen und mit Eindringlichkeit ermahnt, wurde Diethelm vom Bischof von Konstanz exkommuniziert; desgleichen wurde er am königlichen Hof geächtet und verurteilt. Gezwungenermassen bestätigte er zusammen mit seinen Söhnen alles, was sein Vater und seine Mutter der Kirche des heiligen Gallus hatten zukommen lassen, mit Handschlag, nachdem er vom Abt den Betrag von 500 (600) Mark erhalten hatte und eine Urkunde, mit königlichem Zeugnis bekräftigt, ausgestellt worden war.»

Abt Konrad stirbt und wird im Kloster Salem bestattet

Aus den Nüwen Casus Monasterii von Christian Kuchimaister um 1335/1339.

«Bald darauf (nach 1236) fiel Abt Konrad in eine Krankheit, an der er in dem Hause des Dekans, das vor dem Müllertor an der Steinach stund, lange darnieder lag, bis er den 21. Christmonat 1239 starb, nachdem er nur dreizehn Jahre lang der Abtei vorgestanden hatte. Er ward vor der Türe des St.Galler Münsters (im Kreuzgang) zur Erde bestattet, aber am dritten Tage wieder ausgegraben und nach Salmenschweil (Salmansweiler, d.i. Salem) geführt, weil die Geistlichen dieses Klosters, zwischen denen und seinem Kloster er ein geistliches Bündnis errichtet hatte, herkamen und behaupteten, dass Konrad seinen Begräbnisort zu Salem erwählt habe. Dieses Abtes Hintritt wurde von vielen sehr bedauert; andere aber hatten die grösste Freude darob, besonders die Edeln von Rorschach, welche ihn in seiner Krankheit würden ermordet haben, wenn nicht dessen Arzt versichert hätte, dass er nicht wieder genesen könnte. Von seinem baren Gelde liess er noch vor seinem Tode die Hälfte dem Kapitel übergeben; die andere Hälfte, welche in tausend Mark Silber bestand, bestimmte er zu frommen Stiftungen, für deren pünktliche Bestellung er sich von seinem Bruder Heinrich von Griessenberg einen Eid schwören liess. Es sind vor ihm noch nach ihm keine wehrlicheren Äbte, wohl aber heiligere Äbte gewesen.»

Sinnspruch aus den Psalmen (88, 47–51)

«Wie lange, Herr, verbirgst du dich? Soll dein Grimm wie Feuer brennen? Gedenke, Herr, was das Leben ist! Wie nichtig hast du alle Menschen geschaffen! Wer ist der Mann, der lebt, ohne den Tod schauen zu müssen? Wer entkommt der Hand der Unterwelt? Wo sind deine früheren Hulderweise, o Herr, die du David zugeschworen hast? Gedenke, o Herr, der Schmach deiner Knechte!»

Abt Berchtold von Falkenstein – Der Tod durch Eiterwunde (1272)

Abt Berchtold, aus einer freiherrlichen Familie im württembergischen Schwarzwald, war mehr Politiker als Priester, mehr Kriegsherr als Friedensfürst, mehr Ritter als Mönch, mehr Bedrücker seiner abgabepflichtigen Untertanen als Vater seines Volkes. Wenn die mächtige Abtei St.Gallen in den Jahren 1244–1272, da er die Regierung mit starker Hand innehatte, zu bestehen vermochte, benötigte sie einen Abt solcher Art, der «ganz für die Zeiten der Raufereien und des Faustrechtes, die sich eben jetzt anhoben, gemacht war» – so Ildefons von Arx. Berchtolds Vorgänger, Abt Walter von Trauchburg, in den wenigen Jahren 1239–1244, fühlte sich der bösen Zeit nicht gewachsen und zog sich deshalb als Mönch in das Dominikanerkloster in Konstanz zurück.

Anders nun der Draufgänger Abt Berchtold, der sich mit seinen wirklichen und vermeintlichen Gegnern im Feld zu schlagen vermochte. Er gehörte anfänglich «zur kaiserlichen Partei, wechselte dann aber das politische Lager und wurde einer der mächtigsten Führer auf päpstlicher Seite» (Anton Gössi), was ihm bedeutende geistliche und materielle Privilegien verschaffte. Zur Sicherung seiner Landesherrschaft erbaute oder erwarb er nicht weniger als zehn Burgen. Dafür sowie für seine vielen Fehden, für seinen aufwendigen Hof und seinen ritterlichen Lebensunterhalt, aber auch für seine rauschenden Festivitäten – an Pfingsten 1270 soll er mit neunhundert Edelleuten ein Ritterfest veranstaltet haben – benötigte er ungeheure Gelder. Er erpresste sie von seinen Untertanen, die ihn darob hassten, vermochte aber die Finanzen seiner Abtei ohne Schulden zu hinterlassen. Er war ein Finanzgenie, ein rücksichtsloser Verwalter, ein erfolgreicher Diplomat gegenüber Kaiser und Papst.

Trotzdem liegt eine herbe Tragik über seiner Person und seinem Lebensende. Während er in bitterer Einsamkeit schmerzlich und schmählich verschied, tanzten seine Untertanen voller Schadenfreude durch die

Stadt St.Gallen. «Sic transit gloria mundi» – das Sprichwort traf auf ihn zu. Bewunderung und Bedauern bestimmen bis heute das Lebens- und Sterbensbild des trotz aller Schatten bedeutenden St.Galler Abtes.

Abt Berchtold erleidet nach einem Leben voller Macht und Pracht einen schmerzlichen und schmählichen Tod

Aus den Nüwen Casus Monasterii von Christian Kuchimaister um 1335/1339.

«Abt Berchtold entschloss sich, von St.Gallen wegzureisen. Aber die Krankheit hinderte ihn daran, welche ihn bei Stocken mit einer Ohnmacht befiel, als er vom Schloss Rosenberg, wo er nach seiner Gewohnheit siebzig Rittern ein Gastmahl gegeben hatte, nach St.Gallen zurückritt und jene Anhöhe von der Sitterbrücke herauf zu Fuss beging. Zwar beschied er in Eile den Meister Michel, den berühmtesten Arzt in Schwaben, zu sich; aber dieser erklärte das Übel, welches eine Anfäulung des Fusses war, für den Wolf und als unheilbar. In der Tat gab die Wunde bald einen so unerträglichen Geruch, dass es niemand bei dem Kranken aushalten konnte und dass sich ausser einigen armen Leuten niemand zu seiner Bedienung wollte gebrauchen lassen. Man hielt diese ungewöhnliche Krankheit für eine Strafe Gottes, die er sich durch Bedrückung des Volkes zugezogen hätte; er aber beteuerte hoch, dass er dieses unumgänglich zum Schutze des Landes habe tun müssen. Während seiner Krankheit liess er sich die Rechnung über den Zustand seiner Abtei darlegen und fand, dass die jährliche Einnahme derselben in tausend vierhundert Mark Silber bestünde, dass sie nur noch wenige Schulden oder verpfändete Güter hätte und ihr noch vieles an Restanzen zu gute käme. Von diesen machte er vielen Klöstern und Spitälern Stiftungen. Er starb nach einem sechsmonatlichen Leiden am zehnten Brachmonat des Jahres 1271. Den Leichnam legten dessen Wärter auf einen Sack und zogen selben, weil ihn vor Geruch niemand berühren wollte, die Stiegen hinunter zum Begräbnisse. An demselben Tag tanzten die Bergleute von Appenzell während dem Totenamte in den Gassen der Stadt herum, und die Bürger beschimpften sein Andenken in der Kirche, da sie nicht zum Opfer gingen, so dass in dasselbe nicht mehr als vierzehn Pfennige fielen. Er ward also gar vergessen, da er starb.»

Sinnspruch aus evangelischen Kirchenliedern (R. A. Schröder)
Zu Matthäus 22, 9–14

Hilf, guter Gott, wie werd ich rein?
Wollt gern bei deinen Gästen sein
Und weiss mich voller Schmutz und Schwären.
Gib Gnade, dass im Saal der Ehren
Lieb, Hoffnung, Glaube, diese Drei,
Mein Kleid, das hochzeitliche, sei.

Abt Ulrich Rösch – Gebete um guten Tod (1472)

Die Abtei St.Gallen, die im 9. bis 12. Jahrhundert geistlich und monastisch, wissenschaftlich und künstlerisch, aber auch wirtschaftlich zu den vorbildlichen im Abendland gehört hatte, wurde in den folgenden Jahrhunderten, da das Faustrecht die Tugend christlicher Gerechtigkeit zu ersticken drohte, der Spielball adeliger Äbte und deren Familien und Parteiungen. Sie stand trotz spätmittelalterlicher Reformbewegungen des Benediktinerordens am Rand des Untergangs, bis der erste bürgerliche Abt – Ulrich Rösch aus Wangen im Allgäu – in den Jahren 1457–1491 die Rettung zu vollbringen vermochte. Er besiedelte das aussterbende Kloster wieder mit Mönchen, sorgte für benediktinischen Lebenswandel, für Bildung und Bibliothek, aber auch für die materielle Sicherung und zudem für die spirituelle Verbindung mit Papsttum und Kirche. Er selber hatte für Päpste und Kaiser bedeutende Missionen zu betreuen. Dass er persönlich noch der alten Moral verhaftet war (bis zum Reformkonzil von Trient dauerte es immerhin noch hundert Jahre), zeigte sich in der Zeugung von drei Söhnen; ihnen liess er eine vorzügliche Bildung an italienischen Universitäten zuteil werden.

Eine Hauptleistung des Abtes Ulrich, die für drei Jahrhunderte Bestand hatte, war diese: «Durch mustergültige Verwaltung, Rückkauf von verpfändeten Rechten und Gütern, Erwerbung von Niedergerichten, Lösung der verpfändeten Reichsvogtei und Vereinheitlichung des Rechts wurde er zum Schöpfer des Territorialstaates der Stiftslandschaft St.Gallen» (Werner Vogler). Eines gelang ihm allerdings nicht: die Verlegung seines Klosters aus der beengenden und feindlich gesinnten Stadt nach Rorschach. Die Stadt-St.Galler, unterstützt von den aufständischen Appenzellern, verschuldeten 1489 gewaltsam den Abbruch der dortigen, schon im Rohbau vollendeten Klosteranlage, erfuhren zwar Bestrafung durch des Abtes eidgenössische Schirmorte, verhinderten aber doch des Abtes Pläne. Er starb dann schon 1491, insgesamt erfolgreich und bis heute als «zweiter Gründer» seines Klosters gepriesen.

Abt Ulrich stirbt nach tatkräftiger Wirksamkeit eines ehrenvollen Todes
Aus den «Geschichten des Kantons St.Gallen» von Ildefons von Arx, 2. Band, St.Gallen 1811.

«Abt Ulrich VIII. konnte sich seines Sieges (über die Stadt St.Gallen und die Appenzeller dank seiner eidgenössischen Schirmorte um 1490) nicht lange erfreuen; er starb im folgenden Jahre 1491, den 13. März, in Wil, nicht älter als 65 Jahre. Sein Leichnam wurde mit grossem Gepränge nach St.Gallen gebracht und dort (im Kreuzgang) bestattet. Sein Andenken blieb in der Abtei immer geehrt; man errichtete ihm Grabmäler, machte ihm rühmliche Grabschriften und pries ihn oft in gebundenen und ungebundenen Aufsätzen als den zweiten Stifter des Klosters. Diese Ehre verdiente er aber auch, denn er opferte der Aufnahme des Stiftes seine Kräfte, Ruhe und Schlaf auf. Er sann Tag und Nacht neuen Entwürfen, Anschlägen und Plänen nach, die er sogar in der Nacht aufzuschreiben nie unterliess. Und zu diesem Ende hatte er immer neben dem Bette eine Schreibtafel auf dem Tische liegen. Er schrieb ein gutes Latein und zeigte in deutschen und lateinischen Aufsätzen eine geübte Feder. Er war leutselig, einnehmend und freigebig. Die Tätigkeit war ihm so ein Bedürfnis, dass er sich unter den schwersten Geschäften weit besser gehub, als wenn er keine hatte. Mit diesen Eigenschaften gelang es ihm, die Abtei St.Gallen wieder herzustellen und ihre Rechtsamen in Gang zu bringen.»

Das Gebetbuch des Abtes Ulrich enthält Gebete um guten Tod

Abt Ulrich Rösch hat sich 1472 durch den Kalligraphen P. Simon Rösch aus dem Kloster Wiblingen ein privates Gebetbuch schreiben und durch einen anonymen Ulmer Buchmaler illustrieren lassen, das als «Devotionale pulcherrimum – prachtvolles Gebetbuch» in die heimatliche Kunstgeschichte eingegangen ist. Sein Hauptinhalt ist ein Meditationszyklus in Gebeten und Bildern nach Vorlagen, die bis in das 12. Jahrhundert, zum sogenannten «Hildegard-Gebetbuch», zurückreichen. Das kostbare Bändchen ist aus der Stiftsbibliothek St.Gallen über die Benediktinerabtei

Rheinau in die Stiftsbibliothek Einsiedeln gewandert, hat aber 1996 durch den damaligen St.Galler Stiftsbibliothekar Peter Ochsenbein eine dem Original entsprechende Ausgabe unter dem Titel «Beten mit Bild und Wort» erlebt. Den Bildern widmete sich der Kunsthistoriker Anton von Euw, den Gebeten in der lateinischen Fassung P. Gregor Jäggi und ihrer Übertragung in deutsche Sprache Abt Georg Holzherr in Einsiedeln. Es sind 72 Bilder und Gebete – jeweils auf der linken Buchseite der Text, auf der rechten Seite die korrespondierende Miniatur –, worin «die ganze Heilsgeschichte von der Schöpfung bis zum Jüngsten Gericht» voller Gläubigkeit «in Lob und Dank, in Demut und Ergriffenheit» (Georg Holzherr) zu Wort und Bild gelangt. Drei dieser Gebete bereiteten den damaligen Beter – Abt Ulrich Rösch – auf den guten Tod vor. Sie seien hier in der deutschen Fassung von Georg Holzherr wiedergegeben. Denn sie disponieren auch noch den heutigen Beter für ein glückseliges Lebensende.

Anfang und Ende

«O Tiefe der Weisheit, des Reichtums und der Erkenntnis Gottes! Wie unergründlich sind deine Werke, Herr, wie unerforschlich deine Wege. Denn im Anfang hast du Himmel und Erde geschaffen und alles, was in ihnen ist: die Welt ein Wunder! Öffne meinen Sinn, damit ich die heilige Dreifaltigkeit verstehen lerne, wie sie von Anfang an am Werk ist. Wenn ich also wahrhaftig an die heilige Dreifaltigkeit glaube, vergib mir alle meine Sünden, die ich seit meiner Kindheit wider deinen Willen beging. Wenn aber dieses mein jetziges Leben zu Ende geht, dann gebiete, dass Teufel und Dämonen sich traurig und flennend zurückziehen müssen. Und weil du meine Seele rein erschaffen hast, wasche alle Sünden von ihr ab und nimm sie am jüngsten Tag rein und lebendig auf in die ewige Heimat. Lass mich dort mit all deinen Heiligen deine gütige und so wohltuende Barmherzigkeit auf ewig preisen. Dann werde ich bekennen: Von den Taten deiner Huld, Herr, will ich ewig singen, ein neues Lied, bis zum fernsten Geschlecht. Ja, im Himmel hast du mir grosse Gunst erwiesen. Gepriesen sei der Herr in Ewigkeit. Amen, ja Amen.»

Lebenskraft durch Jesus

«O Lebenskraft! Du bist das Leben in allem, was lebt. Wie herrlich sind all deine Werke, Herr! Du rufst Sünder ins Leben zurück und erweckst Tote, und zwar nicht nur körperlich Tote, sondern – was mehr ist – auch solche, die der Sünde zum Opfer fielen. Diese erweckst du vom ewigen Tod. Im Evangelium lesen wir von drei Toten, die zum Leben erweckt wurden. Sie verweisen auf drei Ursachen unseres seelischen Todes: auf das Denken, auf die innere Zustimmung, auf das Wollen und das willentliche Weiterführen von Handlungen. Du minderst diese tödlichen Gefahren aber sehr oft, dann nämlich, wenn Sünder, berührt vom Heiligen Geist, zu wahrer Bussgesinnung geführt werden und so das ewige Leben erlangen. Dass uns doch der vierte Tod nicht treffe! Dieser löst die eigenmächtige Annahme aus, es bleibe nichts als Verzweiflung. So versinkt die Seele in einem tiefen, grauenhaften Schlund. Jesus Christus, in deiner Güte und Macht, um deines heiligen Todes willen, den du uns zum Heil unverdient ertragen hast, befreie uns vom ewigen Tod und von deinem Zorn, sowohl heute wie künftig, und von teuflischen Mächten, hier und auf ewig. Amen.»

Durch Jesu Leiden und Kreuz

«Herr Jesus Christus! Dem Willen des Vaters gehorsam hast du, unter Mitwirkung des Heiligen Geistes, durch deinen Tod der verlorenen Welt das Leben geschenkt. Erlöse mich, deinen armseligen Knecht, um deines Leidens und Kreuzes wie um deiner fünf Wunden willen, von all meinen Sünden und von jeglichem Übel, ob vergangen oder gegenwärtig, und behüte mich vor den künftigen. Gib, dass ich deinen Geboten gehorche und dass ich mich nie von dir trenne, auf ewig. Ob ich wache oder schlafe, beschütze mich unter deinen Flügeln, denn du bist barmherzig. Kraft des heiligen Kreuzes sei ich in meiner Todesstunde von allen Sünden losgesprochen wie auch von einer Schreckensvision der Dämonen oder jeder derartigen Macht, von all ihren Anklagen und Schmähungen, von ihren Einschüchterungen und Vorspiegelungen, von jeder Belastung oder Schädigung durch sie, von der Höllenhitze, vom schaurigen Feuerbrand, von all jenen Bösewichten und allerwegen von den Orten der Peinigung, von allen Qualen der Unterwelt und von der ewigen Verdammnis. Vor jeder Not und Bedrängnis beschützt, reihe mich endlich unter die Bürger des Vaterlandes der Seligen ein, wo ich dir, dem Vater mit dem Sohn und dem Tröster-Geist, aus freudigem Herzen allezeit das Lob singen darf. Durch dein Leiden und Kreuz, durch deine fünf Wunden, durch deinen Tod und dein Begräbnis erlöse mich von einem jähen und unversehenen Tod, vom bitteren oder ewigen Tod und von der ewigen Verdammnis. Herr, befreie mich in der Todesstunde von aller Not und Bedrängnis des Geistes oder des Leibes. Am Tag des Gerichtes erlöse mich, o Herr! Gütiger Herr, sieh all meine Not und Bedrängnis und hilf mir, indem du mich, eingedenk deiner Barmherzigkeit und deiner Erbarmungen, in deiner Huld rasch befreist, denn du siehst mein Elend. Der du lebst und herrschest in alle Ewigkeit. Amen.»

Sinnspruch aus «O Haupt voll Blut und Wunden» von Paul Gerhardt (hier modernisiert)

Wann ich einmal soll scheiden,
so scheide nicht von mir!
Wann ich den Tod soll leiden,
so tritt du dann herfür!
Wann mir am allerbängsten
hier um das Herz wird sein,
so reiss mich aus den Ängsten
kraft deiner Angst und Pein!

Abt Franz Gaisberg – Der verheimlichte Tod (1529)

Das Mittelalter hörte im Kloster St.Gallen dramatisch-tragisch auf: mit dem vernichtenden Bildersturm im Münster am 23. Februar 1529 und dem Hinschied des frommen Abtes Franz Gaisberg am 23. März desselben Jahres. Sein Tod – ein vorerst absichtlich verheimlichter Tod – ist deshalb die letzte unserer «Geschichten vom Sterben im mittelalterlichen Galluskloster».

Abt Franz, der dem Kloster in den Jahren 1504–1529 vorstand, wurde um 1465 in Konstanz als Sohn eines in diplomatischen Diensten bewährten Vaters und einer Mutter aus dem reichen St.Galler Geschlecht der Hux geboren. Er war, was auch der Reformator Vadian anerkannte, persönlich integer und fromm, ja war «der grosse Zeremoniar». Er förderte den Gottesdienst, wofür er kostbare Paramente herstellen liess, und er bereicherte das Gotteshaus mit Werken auserlesener Kunst: Im Chor liess er durch italienische Meister ein Zelebrantengestühl und ein «herrlich fürstliches» Chorgestühl mit geschnitzten Figuren aufstellen; am Hochaltar liess er die grossen Statuen von Christoffel Bockstorffer aus Konstanz kostbar neu fassen; für die Altäre liess er zehn neue Tafelbilder malen. Der Bildersturm zerstörte alles – ausgenommen vielleicht das dem St.Galler Maler Caspar Hagenbuch dem Älteren zugeschriebene Kreuzigungsbild, das mit Einstichen und Kratzern behaftet heute im Historischen Museum St.Gallen aufbewahrt wird – es wurde im Dezember 2000 an die erschütternde Ausstellung «Bildersturm: Wahnsinn oder Gottes Wille?» im Historischen Museum in Bern ausgeliehen. Auch das kleine Holztafelbild Christoph Bockstorffers vom Tode Mariens, dem unser nächstes Kapitel gewidmet sein wird, überdauerte anscheinend unbeachtet den Untergang. Abt Franz förderte auch die Herstellung aufwendiger Liturgiemanuskripte, von denen manche in der Stiftsbibliothek erhalten geblieben sind. Kalligraphen waren der Konventuale Anton Vogt und der Münsterorganist Fridolin Sicher, für den er die grosse Orgel restaurieren liess; Buchmaler war der aus Rorschach gebürtige Niklaus Bertschi. Derselbe

Abt betrieb 1513 die Beatifikation des Sequenzendichters Notker Balbulus und liess die alten Sequenzen sammeln.

Abt Franz, leberkrank und an Wassersucht leidend, zog sich 1526 aus dem durch soziale und reformatorische Unruhen bedrängte Stift in das Schloss Rorschach zurück. Der Bildersturm, den er zwar nicht als Augenzeuge, wohl aber durch entsetzte Berichte wahrnehmen musste, brach ihm das Herz. Nach einem Monat – am 23. März 1529 – verschied er in aller Stille. Weil seine Mönche befürchten mussten, die Stadtbehörden, das aufgehetzte Volk und der reformatorische «Schirmorte»-Hauptmann Frey von Zürich würden die Wahl eines Nachfolgers verhindern, verschwiegen sie den Tod, bis sie in Heimlichkeit einen neuen Abt gewählt hatten. Darüber nun der folgende Bericht eines der letzten St.Galler Konventualen:

Abt Franz stirbt in aller Stille, sein Tod wird bis zur Wahl des Nachfolgers geheimgehalten

Aus den «Geschichten des Kantons S.Gallen» von Ildefons von Arx, 2. Band, St.Gallen 1811.

«Indessen hatte sich die Krankheit des Abtes Franz viel verschlimmert. Und die Kapitularen waren darüber sehr verlegen, wie sie nach dessen Hintritt einen neuen Abt bekommen könnten, da sie wussten, dass der Hauptmann Frey, die Stadt St.Gallen und das Landvolk ihnen nicht gestatten würden, eine Wahl anzustellen. Sie beschlossen darum, dass die Mehrheit des Kapitels sich unverzüglich nach Einsiedeln in Sicherheit bringen sollte. Welchem zufolge der Dekan mit vier anderen verkleidet dahin ging. Der ehemalige Statthalter zu St.Gallen, Ludwig Blarer von Wartensee, war dort seit dem Jahre 1526 Abt. Der Kanton Schwyz hatte ihn von Abt Franz begehrt, nachdem die Mönche in Einsiedeln bis auf Theobald von Geroldsegg und Heinrich von Hohensax ausgestorben waren und von diesen der erste sich zur Reformation bekannte, Heinrich aber wegen einer begangenen Mordtat eingekerkert lag. Nachdem jene nach Einsiedeln abgegangen waren, verfügte sich Pater Kilian Germann, der Statthalter zu Wil, zu dem todkranken Abte in das Schloss Rorschach und traf dort mit dem Obervogt und dem Kammerdiener des Abtes die Abrede über ein Zeichen, das sie ihm, sobald derselbe verschieden sein werde, in das Kloster (Rorschach) hinab geben sollten, und er befahl ihnen, den erfolgten Hintritt, bis er wieder käme, geheim zu halten. Dieses vollzogen beide pünktlich. Der Abt starb den 21. März; aber sechs Tage darnach glaubten ihn im Schlosse noch alle lebend; denn jene trugen wie vorher die Speisen in das Schlafgemach hin und kamen mit selben halb angegessen wieder heraus, erzählten von des Kranken äusserster Entkräftung und hielten den Leichnam, damit derselbe sich nicht durch den Geruch verriet, in einem wohl verkleisterten Troge verschlossen. Indessen war Kilian, nachdem er das verabredete Zeichen gesehen hatte, mit der Nachricht des erfolgten Hintrittes von Rorschach zu seinen Mitbrüdern in Einsiedeln geeilt, hatte sich mit ihnen nach Rapperswil verfügt und war dort mit Erlaubnis des Rates bei dem 'Roten Löwen' zu der Wahl eines neuen Abtes geschritten, in welcher er selbst am 25. März 1529, einem Karfreitag, zum Abt erwählt und auch von den abwesenden Kapitularen als solcher anerkannt wurde. Nach seiner Ernennung reiste er nach Rorschach zurück und liess dort am Ostertage den Tod des Abtes Franz und seine eigene Erwählung zum Abte bekannt machen. Am folgenden Tage liess er den Leichnam seines Vorgängers nach St.Gallen zum Begräbnisse bringen, wo selbem die Kapläne, die Hofbeamten und die Tablater entgegen kamen, und in der Kapitelkapelle zur Erde bestatten halfen.»

Zur weiteren Geschichte: Abt Kilian erlitt schon im folgenden Jahr den Tod durch Ertrinken. Sein Nachfolger Diethelm Blarer von Wartensee in den Jahren 1530–1564 ging als «tertius fundator – dritter Gründer» in die Geschichte der Abtei ein.

Sinnspruch aus den Paulusbriefen (2. Korinther 1, 3–5)

«Gepriesen sei Gott, der Vater unseres Herrn Jesus Christus, der Vater der Erbarmungen und der Gott allen Trostes! Er tröstet uns in all unserer Trübsal, damit wir auch andere trösten können mit dem Troste, der uns von Gott zuteil wird. Denn wie die Leiden Christi reichlich über uns kommen, so kommt uns auch reicher Trost durch Christus zu.»

Die Mutter Maria – Der selige Tod

Im Anschluss an die Schilderung vom dramatischen Tod des frommen St.Galler Abtes Franz Gaisberg am 23. März 1529 sei ein liebevoller Blick auf ein ihm zu verdankendes Bild geworfen: Es zeigt den seligen Heimgang Mariens, die im Galluskloster als die Mutter Jesu stets verehrt worden ist. Es fügt sich sowohl unseren Sterbegeschichten als auch dem hier noch folgenden besinnlichen Nachwort bestens ein.

Stiftsbibliothekar Peter Ochsenbein vermochte dieses Marienbild 1989 einwandfrei zu identifizieren und durch den Katholischen Administrationsrat aus Privatbesitz für die St.Galler Kathedrale, die ehemalige Klosterkirche, käuflich zu erwerben. Er stellte es damals in einem illustrierten Bericht in der Tageszeitung «Die Ostschweiz» (Nr. 186 des 115. Jahrgangs vom 12.8.1989) unter dem Titel «Ein spätgotisches Marienbild kehrt in die St.Galler Klosterkirche zurück» im Hinblick auf den Festtag «Mariä Himmelfahrt» den erfreuten Kirchgängern vor – und damit hatte es sein Bewenden, bis jetzt seinem Vorgänger Johannes Duft und seinem Nachfolger Ernst Tremp in der Stiftsbibliothek die Gelegenheit zur ausführlicheren Würdigung gekommen schien. Denn das Holztafelgemälde (im quadratischen Format 105 x 105 cm) hängt seit 1989 öffentlich sichtbar am Wandpfeiler gegenüber der Kanzel in der barocken Kathedrale, der ehemaligen Klosterkirche – allerdings aus konservatorischen Gründen zu hoch und deshalb wenig beachtet.

Abt Franz Gaisberg lässt den Tod Mariens malen

Geschichtliche Spätzeiten pflegen eine intensivere Beziehung zum Tod als geschichtliche Früh- und Hochzeiten. Das zeigt sich eindrucksvoll in der Kunstgeschichte. In der Spätzeit, im «Herbst des Mittelalters», entstanden die grossen, erschütternden Sterbe- und Todesbilder, die Dokumente und Monumente des «Memento mori», so die Passion Jesu am Isenheimer

Altar des Matthias Grünewald um 1511/15. Und in St.Gallen errichtete Abt Ulrich Rösch den «Ölberg» mit Jesus in Todesangst und den schlafenden Jüngern.

Hernach liess, wie hier bereits erwähnt worden ist, der kunstbeflissene Abt Franz Gaisberg das Münster und seinen gotischen Chor grosszügig ausstatten, dabei auch mit zehn neuen Tafelbildern für die im Lettner untergebrachten Seitenaltäre. Von einem derselben dürfte der «Tod Mariens» erhalten geblieben sein: ein stilles, edles, aber keineswegs spektakuläres «Relikt». Grösseres ist zugrunde gegangen, als im Gallusmünster 35 Altäre zerschlagen und auf dem Brühl verbrannt wurden. Man mag von Überfülle sprechen – der liturgieverbundene Theologe und Kunsthistoriker hat trotzdem noch heute Mühe, sich der Tränen zu erwehren.

Maler dieses Bildes war damals Christoph Bockstorffer aus Konstanz. Mit ihm vereinbarte Abt Franz am 30. August 1522 den Vertrag, dessen zeitgenössische Abschrift im Stiftsarchiv (Band A 99a, fol. 123/124) liegt: Danach hatte Bockstorffer die Restaurierung und Neugestaltung des Münsters und insbesondere des Chores und seiner Altäre zu übernehmen. Im Verlauf dieser Arbeiten entstand das Bild vom Tod Mariens, «vielleicht als Teil eines Flügels auf dem Hochaltar, vielleicht als Gemälde auf einem der vielen Nebenaltäre» – so Peter Ochsenbein. Jedenfalls steht über dem Haupt des Apostels, der neben der sterbenden Maria die brennende Kerze trägt, an der Seitenwand die Jahrzahl 1523 mit den Initialen CB, was eine eindeutige Identifizierung ermöglicht.

Das Gemälde zeigt einen vom Renaissance-Stil geprägten, kirchenchorähnlichen Innenraum, vor dessen gewölbter Hochaltarnische anstatt eines Altares das Sterbebett Mariens steht. Darin liegt, halb aufgerichtet, die sterbende oder soeben gestorbene Mutter Maria, dunkel gekleidet mit hellem Kopftuch, das altersmüde Haupt zur Seite gewendet, mit schon geschlossenen Augen – man erinnert sich des toten Jesus am Kreuz und seines soeben verklungenen Seufzers: «Consummatum est – es ist vollbracht.»

Um das Sterbelager stehen in stiller Ergriffenheit die Apostel. Der eine – es ist Petrus – tunkt den Weihwasserwedel in den Kessel, den ihm einer derselben hinhält. Der andere – es ist Johannes – hält der Sterbenden die brennende Kerze, das Symbol des ewigen Lichtes und Lebens, hin. Denn dieses Sterben vollzieht sich noch recht «mittelalterlich» in der Öffentlichkeit, ja geradezu in der Kirche. Es ist nicht erschreckend, sondern es ist tröstlich und erlösend. Denn im kleinen Oberbild nimmt Christus als König seine heimkehrende Mutter in die Herrlichkeit des Himmels auf.

Wer ist wohl die Gestalt, die mit schwarzem Haarschopf und Bart, weiss gekleidet im Unterschied zu allen anderen, im Vordergrund zu Füssen Mariens auf dem Boden kniet? Es ist wohl nicht der Stifter Abt Franz Gaisberg, dem hier jegliche ihm gebührende Auszeichnung fehlt. Ist es Paulus, der in solchen Bildern gelegentlich am Fussende Mariens kniet? Eher mag es der Maler Christoph Bockstorffer sein, der sich so – mit dem staunenden Blick zum Angesicht Mariens – ins Bild bringen will. Von seiner Künstlerhand stammt auch das diesem Tafelbild sehr ähnliche Mittelbild der Krönung Mariens von 1516 auf einem dreiteiligen Flügelaltar, der heute in der Kirche St. Peter im st.gallischen Wil steht. Abt Franz Gaisberg und der Maler Christoph Bockstorffer – sie waren die Zeugen der kirchlichen Kunst vor ihrer Zerschlagung.

Der Tod Mariens in der Dogmatik und in der Kunstgeschichte

Über den «Heimgang Mariens» sind keine biblischen Zeugnisse erhalten. Bei der Dogmatisierung der «Aufnahme Mariens mit Leib und Seele in den Himmel» durch Papst Pius XII. am 1. November 1950 wurde gefragt, ob sie den Tod überhaupt erlitten habe. Im Hinblick auf den Tod Jesu wurde aber nicht gewagt, positiv oder negativ zu entscheiden, sondern die Formulierung gewählt, ihre Himmelsaufnahme sei erfolgt «nach Erfüllung ihres irdischen Lebenslaufes».

Solche dogmatische Erwägungen hinderten die mittelalterliche Kunst keineswegs in der bildlichen Darstellung des Sterbens Mariens.

Das gilt schon für die frühe östliche Ikonographie seit dem 9./10./11. Jahrhundert in der malerischen Ausstattung von Kirchen. Es zeigt sich auch eindrucksvoll in zahlreichen byzantinischen Elfenbeinen des 10. und 11. Jahrhunderts, so – womit an ein einziges, hier naheliegendes Prachtexemplar erinnert sei – im Buchdeckel des Evangeliars Ottos III. in der Bayerischen Staatsbibliothek in München.

In der westlichen Ikonographie ist auf die ottonische Malerschule der Reichenau hinzuweisen, beispielsweise auf das gepriesene Perikopenbuch Heinrichs II. um 1007/12, ebenfalls in München: Maria liegt auf dem Sterbelager, während im oberen Bildteil Christus als Maiestas Domini erscheint, um seine Mutter liebevoll in den Himmel aufzunehmen. Es ist eine typische Darstellung, die sich im 12. Jahrhundert zur Ausgestaltung der Inthronisation und Krönung Mariens als Königin entwickelt. Unser Bild von Christoph Bockstorffer, 1522/23 für die gotische Klosterkirche in St.Gallen gemalt, dann im Bildersturm zwar nicht zerstört, aber versprengt, seit 1989 in die spätbarocke Kathedrale in St.Gallen heimgekehrt, stellt jedenfalls den Tod Mariens in der üblichen Art der frommen mittelalterlichen Ikonographie dar. Es mutet aber schon etwas antiquiert an, wenn es nun noch mit einer gleichfalls von einem Konstanzer Meister gemalten Miniatur, die sogar etwas älter ist, verglichen wird. Sie findet sich im Evangelistarium, das heute als Codex 368 in der barocken Stiftsbibliothek liegt.

Tod und Himmelsaufnahme Mariens im Evangelistarium

Die Stiftsbibliothek bewahrt seit 1658 als Codex 368 ein Evangelistarium, das nicht am Ort entstanden ist, das aber dank seiner gepflegten Gestaltung und kunstvollen Ausstattung bestens zu den einheimischen Manuskripten passt. Es enthält auf seinen 55 Pergamentblättern die lateinischen Evangeliums-Perikopen, die der Diakon an den hohen Festen des Kirchenjahres im Hochamt zu singen hatte. Sie werden begleitet von 21 ganzseitigen, biblisch-liturgischen Miniaturen in aufwendiger Deckfarbenmalerei.

Das Evangelienbuch scheint um 1470/80 kalligraphiert und illuminiert worden zu sein, nach neuer Erkenntnis von Bernd Konrad wahrscheinlich im Umkreis der Konstanzer Maler um Rudolf Stahel. Es gelangte später in den Besitz des Barons Fidel von Thurn, der seit 1658 der Landeshofmeister des St.Galler Fürstabtes Gallus Alt war und ihm damals das Evangelistarium aus Dankbarkeit und Verehrung als kostbares Geschenk dedizierte.

Eine dieser Lesungen bietet das Evangelium für das Fest der Himmelaufnahme Mariens («In assumptione beatae Mariae Virginis» am 15. August) und daneben das entsprechende Bild im Stil der Zeit: In der Bildmitte steht breit, schräg und schwer der leere Sarkophag. Darum knien in erstaunter Fröhlichkeit die zwölf Apostel mit Nimben um ihre Häupter und mit ekstatisch gefalteten oder ausgebreiteten Händen. Darüber schwebt in einer strahlenden Wolke der majestätische Christus, der mit seiner linken Hand das soeben dem Sarkophag erstandene Figürchen, das einem schlanken, bekleideten Püppchen ähnlich ist, umfasst. Es ist die damals üblich gewordene, schon beinahe kindlich-kitschig anmutende Darstellung des seligen Heimgangs Mariens – eines Themas, das dann im Zeitalter der Gegenreformation kaum mehr Beachtung gefunden hat. Auf die noch von Zartheit und Ehrfurcht inspirierte, kleine und feine Bildinitiale «Gaudeamus», die im Wettinger Graduale um 1330 das spätere Mittelalter buchstäblich in den Schatten stellt, schaut die einheimische Kunstgeschichte in stiller Bewunderung zurück.

Die «Himmelfahrt Mariens» im Elfenbein-Einband Tuotilos

Zum würdigen Abschluss dieses Rückblicks auf die mittelalterliche «Sterbegeschichte der Mutter Maria» möge nun noch in Erinnerung an die erwähnten Darstellungen auf byzantinischen Elfenbeinen des 10./11. Jahrhunderts der wohl grösste Schatz der St.Galler Stiftsbibliothek, das autochthone Schnitzwerk Tuotilos aus dem Ende des 9. Jahrhunderts, gepriesen werden.

Tuotilo, kunstschöpferischer Mönch im Kloster St.Gallen, gestorben um 913, Inventor der liturgischen Tropus-Gesänge und Skulptor des grossartigen Elfenbein-Einbandes am Evangelium longum (Codex 53 der Stiftsbibliothek) in den Jahren um 894, stellte sich zwar die Frage nach dem Tod Mariens nicht. Denn in seiner rückseitigen Einbandtafel schnitzte er nicht ihre Sterbeszene ein, sondern schon deren Folge: nämlich unter dem Schriftband «Ascensio sanctae Mariae» (Himmelfahrt der heiligen Maria) ihr Hinaufschweben in den Himmel, begleitet von vier ekstatischen

Engeln, oder schon ihre Ankunft im Paradies, wo neben ihr ein Bäumchen aus dem fruchtbaren Boden heraus wächst.

Im Himmel wird Maria, was nun allerdings von Tuotilo nicht direkt ausgesagt wird, von ihrem verherrlichten Sohn empfangen. Denn dieser ist auf Tuotilos Vordertafel in seiner gottmenschlichen Majestät dargestellt: «Hic residet Christus, virtutum stemmate s(a)eptus» (Hier residiert Christus, umgeben vom Kranz der Mächte). Nachdem gegenüber früheren Zweifeln nachgewiesen ist, dass beide Einbandtafeln von Tuotilo beschnitzt worden sind, darf in dieser unserer eher ungewohnten Interpretation wohl ausnahmsweise von der einfacheren Rückseite auf die feierlichere Vorderseite geschritten werden: von Maria auf Christus, der in seiner Majestät zweifellos auch die Mutter Maria in den «Kranz der Mächte» aufnimmt.

Tuotilo selber hätte sich gegen diese umgekehrte Interpretierung seiner Tafeln wohl nicht zur Wehr gesetzt, war er doch ein bewusster Marienverehrer, ja ein «Marienkünstler». Denn als er nach Ekkeharts Bericht im 45. Kapitel der «Casus sancti Galli» in Metz ein Marienbild in eine goldene Platte ziseliert hatte, war auf dieser von anderer Hand eine lateinische Umschrift eingraviert worden, die besagte: «Die heilige Maria hat selber dieses Gastgeschenk gemeisselt.»

Zur Terminologie des Bildtitels auf Tuotilos Elfenbeintafel sei noch folgendes angemerkt: Er lautet «Ascensio sanctae Mariae» – also aktiv wie bei Christi Himmelfahrt «Hinaufstieg» in den Himmel. Dogmatisch richtiger hiesse er «Assumptio sanctae Mariae» – also passiv «Aufnahme Mariens» in den Himmel. Daran zweifelte aber Tuotilo keineswegs – so wenig wie die vielen, die noch heute die beiden Ausdrücke bedenkenlos vermischen, steht doch in allen heutigen Kalendern am 15. August kurzerhand «Mariae Himmelfahrt» zu lesen.

Mit den beiden Elfenbeintafeln Tuotilos am Evangelium longum ist so ein ganz besonderer, sehr persönlicher Beitrag st.gallischer Kunst zum Kapitel des seligen Heimgangs der Mutter Maria geschaffen worden – ein Beitrag, der sich auf seine eigene Weise den byzantinischen Elfenbeinen derselben Frühzeit zugestellt.

Der Tod Mariens, gemalt 1523 von Christoph Bockstorffer für die Klosterkirche St.Gallen im Auftrag des Abtes Franz Gaisberg.

Die Majestas Christi, umgeben vom Kranz der Mächte. Vordertafel am Evangelium longum (Cod. Sang. 53) der Stiftsbibliothek – Elfenbeinschnitzerei von Tuotilo um 894.

Die Himmelfahrt Mariens in Begleitung der Engel. Hintertafel am Evangelium longum (Cod. Sang. 53) der Stiftsbibliothek – Elfenbeinschnitzerei von Tuotilo um 894.

Die in den Himmel aufgenommene Maria in der Hand ihres verherrlichten Sohnes Christus, darunter die Apostel um den leeren Sarkophag. Miniatur von Rudolf Stahel um 1470/80 in einem Evangelistarium (Cod. Sang. 368, S. 76).

MEDIA VITA IN MORTE SUMUS
Mitten im Leben sind wir vom Tod umgeben (12., 15., 17. Jahrhundert)

Wenn hier vom «Sterben im mittelalterlichen Galluskloster» berichtet worden ist, darf die geradezu sagenhafte Antiphon «Media vita in morte sumus» zum guten Ende – zum Ende dieser Sterbegeschichten und zum Ende eines jeden irdischen Lebens – nicht verschwiegen werden. Denn sie ist mittelalterlichen Ursprungs, verbindet aber das Mittelalter mit der Barockzeit und wird noch heutzutage bei gar manchen, oft unvorhergesehenen, glücklichen und unglücklichen Todesfällen zitiert. Hier vorerst der Wortlaut ohne die späteren Einschiebungen:

Media vita in morte sumus.
Quem quaerimus adiutorem nisi te, Domine,
qui pro peccatis nostris iuste irasceris?
Sancte Deus, sancte Fortis,
sancte et misericors Salvator!
Amarae morti ne tradas nos!

Mitten im Leben sind wir vom Tod umgeben.
Wen suchen wir als Helfer ausser Dir, o Herr,
der Du gerechterweise wegen unseren Sünden zürnst?
Heiliger Gott, heiliger Starker,
heiliger und barmherziger Retter!
Übergib uns nicht einem bitteren Tod!

Dieser tief-menschliche Bittruf ist schlicht und wahr, ohne jedes Pathos, ohne spekulative Philosophie und Theologie. Deshalb vermochte er in seiner zeitlosen Gläubigkeit die Jahrhunderte zu überdauern, auch in St.Gallen, obwohl er nicht lokalen Ursprungs ist. Es sei im folgenden angedeutet.

Namenlose Herkunft aus dem Mittelalter

Volkslieder geistlichen und weltlichen Inhalts sind oft ohne genauere Entstehung überliefert, ohne Namen, ohne Zeit und ohne Ort, zudem in mehreren längeren oder kürzeren Varianten – so auch das «Media vita» sowohl lateinisch als auch deutsch. Jedenfalls stammt es nicht aus St.Gallen oder seinem weiteren geistigen Einflussbereich, auch noch längst nicht aus dem neunten Jahrhundert und damit nicht von Notker, dem Dichter und Vertoner der Sequenzen – zumal es sich bei diesem kurzen und schlichten Hilferuf nicht um eine Sequenz, sondern um eine ausserliturgische einfache Antiphon (einen Wechselgesang) handelt. In der ganzen guten lokalen Überlieferung St.Gallens fehlt jeglicher diesbezügliche Hinweis. Der Kenner Notkers – Wolfram von den Steinen – hält fest, dass von allen Autoren bis um 1600 niemand «von Notkers Anteil daran» gewusst habe; denn vor dem 14. (13.) Jahrhundert lasse sich die Kenntnis des «Media vita» in St.Gallen trotz des Handschriftenreichtums überhaupt nicht nachweisen. Und ein Hinweis auf Notker (†912) und seinen Zeitgenossen Tuotilo (†um 913), der eingeschobene Verse beigefügt haben soll, fehlt gänzlich.

Das «Media vita» scheint im 11. oder eher im 12. Jahrhundert in der angelsächsischen Kirche entstanden und von dort in die Rheinlande gekommen zu sein. Man schrieb ihm zauberische Kräfte bei, so die Sicherung vor dem Tod in Meeresstürmen und die Bannung des Gegners in kriegerischen Fehden. Der Bremer Klerus sang es 1234 gegen die niederländischen Stedinger. Die Mönche von St.Matthias in Trier sprachen es 1263 zu Boden gestreckt, als ihnen der Erzbischof einen Abt gegen ihren Willen aufgezwungen hatte. Und eine Kölner Synode erliess 1310 das Verbot, es ohne Erlaubnis des Bischofs gegen Feinde zu singen.

Die früheste Erfassung in der Stiftsbibliothek zu St.Gallen lässt sich erst als Nachtrag im Codex 390 (S. 8f.) aus dem 13. Jahrhundert, sodann im Anhang des Codex 388 (S. 474) aus dem 14. Jahrhundert feststellen: «Media vita» mit Neumen, vorerst der reine Text, hernach der durch Einschiebungen erweiterte Text. Zeitlich folgt ein «Media vita» ohne Melodie im Codex 418 (S. 177) von 1431.

Aufschlussreich für die liturgische Verwendung des «Media vita» im Gallus-Kloster in den Jahren kurz vor der Reformation ist Codex 546, geschrieben 1507–1514 von Cantor und Scriptor P. Joachim Cuontz im Auftrag des frommen Abtes Franz Gaisberg. Es ist die Sammlung aller alten Sequenzen, nach Möglichkeit mit den Melodien in moderner Linien-Notation, darin als Nr. 335b (fol. 352) das «Media vita» mit Melodie. Dabei steht der Vermerk: «(sequentia) pulcherrima» (sehr schöne Sequenz) «antiquorun nostrorum Sanctigallensium monachorum» (unserer alten St.Galler Mönche) – jedoch ohne einen Verfasser- oder Vertonernamen. Über die liturgische Verwendung findet sich sodann die Mitteilung, der Gesang werde am zweiten der Bittage («feria II rogationum») vor Christi Himmelfahrt beim feierlichen Bittgang nach St.Georgen, ebenso am Tag Allerseelen sowie «in magnis tribulationibus omnibus» (in allen grossen Wirrnissen) benötigt. An solchen hat es wahrlich nie gemangelt – sonst wäre das «Media vita» wohl niemals entstanden und nirgendwo niedergeschrieben worden.

Es überlebte sogar die Turbulenzen der Glaubensspaltung; kein Geringerer als Martin Luther nahm es in seinen deutschen Kirchenliederschatz auf. Denn die Angst vor dem jähen Tod und das Vertrauen auf Gottes Barmherzigkeit beschäftigten die Sterblichen zu jeder Zeit.

St.Galler Zuschreibung an Notker in der Barockzeit

Was als Volkslied – lateinisch und deutsch, rein und vielfach interpoliert – namenlos überliefert war, erfuhr im 16. Jahrhundert die Zuschreibung an einen namentlich aufgeführten Dichter und Vertoner. Es musste in Anbetracht der Beliebtheit der Antiphon ein berühmter Name sein. Was lag in St.Gallen näher, als die Antiphon «Sequenz» zu nennen und als ihren Autor den Sequenzenschöpfer Notker Balbulus, heute Notker der Dichter genannt, vorzutragen?

Zwei edle St.Galler Konventualen waren die Propagandisten dieser irrigen Meinung, beide über jeden Verdacht bewusster Geschichtsfälschung erhaben. Der ältere war P. Jodocus Metzler (1574–1639), der nüchterne

Jurist und Rechtsvertreter seiner Abtei an der päpstlichen Kurie in den Auseinandersetzungen mit dem Bistum Konstanz, zudem Verfasser chronikalischer Schriften. Der jüngere war P. Anton Widenmann (1597–1641), Professor, Subprior, Kapellmeister und Organist im Stift St.Gallen und im Filialkloster St.Johann im Toggenburg, dort auch seeleneifriger Pfarrer, heutzutage gepriesen als unermüdlicher Verfasser deutschsprachiger geistlicher Barockdichtung.

P. Jodocus Metzler schrieb 1613 in seinem «Chronicon sancti Galli» (abschriftlich in Codex 1408, S. 229f. der Stiftsbibliothek): Aus ältesten Pergamenten («ex vetustissimis membranis deprompta») habe er entnommen, dass Notker Balbulus angesichts des gefahrvollen Brückenbaus über das Martinstobel (Strasse von Rorschach/Rheintal zum Kloster St.Gallen) so sehr im Geist ergriffen worden sei, dass er das «Media vita» konzipiert habe. Und Notkers Mitbruder Tuotilo und später noch ein Anonymus hätten die zusätzlichen Verse interpoliert. Eine gewisse Modifizierung der «ältesten Pergamente» in einen «alten Codex» («ex vetusto codice») findet sich wenig später bei Metzler (in Codex 1462, S. 112).

Der Behauptung Metzlers folgte kritiklos der an lokaler Heiligengeschichte höchst interessierte Mitbruder Anton Widenmann in seinen epischen Dichtungen über Notker Balbulus, um 1637 vollendet in zwei Epen, beide eigenhändig niedergeschrieben in Codex 1257 der Stiftsbibliothek, vorerst in 1300 und hernach in 300 gereimten Versen.

Aber welches jene «älteste» – oder auch nur jene «alte» – Quelle der Zuschreibung des «Media vita» an Notker Balbulus war, wird weder von Jodocus Metzler noch von Anton Widenmann mitgeteilt. Jedenfalls hat sie als verschollen, wenn nicht gar als in-existent zu gelten. Denn selbst die mit einer Fülle sagenhafter Zuschreibungen belastete «Vita Notkeri Balbuli» um 1220 und ihre Verdeutschung von 1522 wissen davon nichts.

Vermutlich sind die beiden Verehrer Notkers einer Verwechslung zum Opfer gefallen, nämlich jener doch sehr ähnlich anmutenden Episode, die Ekkehart IV. in seinen «Casus sancti Galli» (Kapitel 59) über das Martinstobel erzählt. Doch sie handelt nicht von Notker um das Jahr 900, sondern von Bischof Ulrich von Augsburg um 950, dem ehemaligen Klosterschüler und damaligen Wohltäter St.Gallens. Und was dabei gesungen wurde, war nicht «Media vita» sondern «Kyrie eleison». Hier Ekkeharts Erzählung:

«In der Nähe des Klosters befindet sich eine hohe Brücke, die über einen schroffen, bodenlos tiefen Abgrund führt und für alle, die von jener Seite nach St.Gallen reisen, unvermeidlich ist... Nun wurde im Auftrag des Bischofs Ulrich ein Fass Wein in einem von zahlreichen Ochsengespannen geführten Zug für das Liebesmahl der Klosterbrüder über jenen Berg herbeigeführt. Doch siehe, es ist entsetzlich zu sagen: Das schwerbeladene Fuhrwerk entgleiste, es stürzte hinunter und riss die Gespanne mit. Rings in der Nachbarschaft rief man um Hilfe. Sie kamen von überallher zusammen. Da sie aber alles heil und wohlbehalten vorfanden, schirrten sie die hingestreckten Tiere auseinander und brachten alles wieder zur Brücke hinauf. Sie sangen 'Kyrie eleison', halfen den verstörten Tieren und schafften dem wartenden Bischof seinen ersehnten 'Bozener' heran. Dieser brachte Gott zusammen mit den Klosterbrüdern Lob dar, sie aber schrieben dieses scheinbar Unmögliche seinen Tugenden zu...» – Ulrichs, nicht Notkers Tugenden!

Die frommen Mönche Metzler und Widenmann haben sich in der Zuschreibung des «Media vita» an Notker Balbulus offensichtlich getäuscht. Aber es war dann doch ihr Verdienst, dass ihr gleichgestimmter Abt Pius Reher von nun an das «Media vita» allabendlich im Chor der Mönche nach der Komplet singen liess – ein «Memento mori» bis zur gewaltsamen Aufhebung der Abtei um 1800.

Nachdichtung des «Media vita» von P. Anton Widenmann

Die Ergriffenheit, die den empfindsamen Barockdichter Anton Widenmann beseelte, offenbart sich in seiner literarischen Beschäftigung mit dem «Media vita», die seine reifste Leistung war. Zwar findet sie sich in seiner grossen gereimten Vita Notkers vom Jahr 1637 (im Codex 1257 der Stiftsbibliothek auf den Seiten 448–453), schrieb er doch die Antiphon seinem hochverehrten klösterlichen Mitbruder Notker Balbulus – eben

Notker dem Dichter – aus dem 9./10. Jahrhundert (†912) zu. Aber Widenmanns Hinweise auf Notker und Tuotilo sind geradezu nebensächlich; sie beziehen sich in keiner Weise auf den Inhalt der Antiphon, sie beeinträchtigen also die Dichtung und Nachdichtung nicht.
Vorerst bietet er in deutscher Prosa seine Übersetzung des «Media Vita»:

«Mitten im Leben seind wir mit dem Todt umbfangen,
wenn suchen wir zu einem Helffer, dan allein dich, o Herr,
der du umb unser Sünden willen billich Zürnest,
o Hailiger Gott, o Starcker Gott,
o Hailiger und Barmhertziger Haylandt,
nit gib unß in den bitteren todt.»

Dann fügt Widenmann – wieder in deutscher Prosa – den Satz bei, den er lateinisch bei Metzler las; er gründet auf der Erkenntnis, dass Notkers Mitmönch Tuotilo (†um 913) liturgische Erweiterungen tropiert hat:

«Zum Media vita hat nacher der S(älige) Tutilo, auch ein
hochberümbter Mönch zu St.Gallen, des Säligen Notkeri
Schulgesell, folgende Verß gesetzt:

Vnsere Vätter hoffeten auff dich:
sie hoffeten, und du halffest ihnen. Psal. 21.

Vnsere Vätter rüeffeten zu dir:
sie rüeffeten, vnd sie seind nit zu schanden worden. Psal. 21.

Verwirff vns nit zur Zeit vnßers Alters:
verlase vns nit, wan vnßre Krafft abnimt. Psal. 70.»

Dass das «Media vita» noch eine zweite Erweiterung erfahren hatte, entnahm Widenmann wiederum der lateinischen Vorlage Metzlers. Auch sie übertrug er in deutsche Verse, die er mit dem Satz einleitete: «Ein anderer, dessen namen Vnbekannt, hat dise Verß hinzugethan»:

Ach!
Ach Mensch gedenck, wie arm du bist,
Dem Todt kanst nit entweichen,
Wanns leben dir zum liebsten ist,
Thuot er daher vffschleichen.

Wehe!
Die Seel schryt auff, an ienem tag:
Ach das ich kündte sterben!
So wurd ich loß von solcher plag,
Nit ewig müest verderben.

Och!
Nichts gilt der Adel noch die Ehr,
Das gelt soll niemand preißen,
Ein guts Gewüssen gilt vil mehr
Dan alle Kunst der Weißen.

Noch aber gab sich der Dichter keine Ruhe. Denn ein weiteres Mal bemühte er sich um die Verdeutschung der angeblich Notker'schen Antiphon und ihrer dem Tuotilo zugeschriebenen Erweiterung – diesmal aber rhythmisch in drei Doppelstrophen mit gereimten Versen:

1. Mitten im leben
Vndt sunst alwegen
Duat vnß vmb geben
Der Bittere thodt.

Dich suochen wir, Herre,
Der recht Zürnst sehre
Ob des lasteres schwere
Vnser missethadt.

2. Zuo dir sindt gloffen
Mit grossem hoffen
Vndt handts getroffen
Vnnser Vätter all.

Handt zuo dir gschruwen
Mit gross vertruwen,
Hatt sie nit gruwen,
Erretst sie zmall.

3. Wan wir eralten,
Duo vns erhalten
o Herr vndt bhalten
In dinem schirm.

Wan wir verschmachten,
Duo vns nit verachten.
Schick vnns din machte,
Vns zuo dir nim.

Der du Vns, Herr, erlöst hast all,
Bist heilig vnndt barmherzig zmall.
Gib vns nit in den Bitteren Thodt.
Stande vns bei in aller noth.
Amen.

Ein besinnliches Nachwort

Auf diesen Blättern sind achtundzwanzig Geschichten vom «Sterben im mittelalterlichen Galluskloster» zur Darstellung gelangt, gefolgt vom Blick auf den «seligen Tod der Mutter Maria» sowie von der Antiphon «Media vita», welche die Menschen über die Jahrhunderte hinweg verbunden hat und noch immer zu verbinden vermag. Nicht alle diese Geschichten haben sich im Kloster St.Gallen ereignet. Aber alle sind – wie das «Media vita» – in den Geschichtsquellen dieses Klosters überliefert worden. Weil der Tod stets am Ende eines Lebens steht und in seiner jeweiligen Individualität aus dem vorausgegangenen Leben verstanden werden kann, sind diesen Sterbegeschichten in kurzen Zügen die Lebensgeschichten vorausgeschickt. Der Tod war entweder deren Erfüllung, oder er war deren abrupter Abriss. Immerhin handelt es sich letztlich um «tröstliche Geschichten». So folge denn unserem «tröstlichen Vorwort» ein «besinnliches Nachwort». Es sei von biblischen Zitaten begleitet.

Vom schweren Tod der Heiligen

«Kostbar ist der Tod der Heiligen», allerdings «kostbar in den Augen des Herrn» – so steht es seit bald drei Jahrtausenden im Psalm 115, Vers 15. Für die Heiligen – selbst für sie, nicht nur für die Sünder – war der Tod trotz aller «Kostbarkeit» schwer. Er «kostete» ihnen wie jedem Sterblichen geradezu alles: das Leben. Und am Leben hängt jedes Lebewesen.

Von sechs Heiligen war in unseren Quellen die Rede, und sie starben wie alle Menschen schwer. Der erste war Sankt Benedikt, der Patriarch des abendländischen Mönchtums. Er starb zwar aufrecht stehend, aber er starb «vom Fieber befallen und von grosser Hitze gequält» (um 547) während sechs Tagen: gefasst, aber doch schwer.

Nicht anders erging es Sankt Columban, dem Pionier der irischen Pilgermönche. Er litt, wie er einem Freund bekannte, an Gebrechen und Nöten des Alters mit häufigen Krankheiten des Leibes und schwindenden Kräften des Geistes, mit Herzbeklemmung und Atemnot bei Nacht und bei Tag, bis ihm eine schwere Krankheit den ersehnten Heimgang ermöglichte (615).

Bei Sankt Gallus, dem Jünger Columbans und Erbauer einer Mönchszelle am Wasserfall der Steinach, der trotz harter Askese ein hohes Alter erreichte, war auch eine schwere Erkrankung die Ursache seines Todes. Während vierzehn Tagen lag er an einem heftigen Fieber darnieder, bis ihn ein barmherziger Tod in hohem Greisenalter «aus dem Gefängnis dieses Lebens befreite» (um 650).

Tragisch mutet bis heute der Tod des heiligen Otmar, des Gründers des Klosters am Ort der Galluszelle, an. Verleumdet von einem falschen Mitmönch, verfolgt von den Gaugrafen, verurteilt vom Bischof, verlassen von Freund und Feind, starb er in bitterer Einsamkeit auf der herbstlich kalten, allen Stürmen offenen Rheininsel Werd (759). Wenn der Hagiograph berichtet, Otmar habe dem Herrn mit Beten und Fasten umso ungehinderter gedient, als er von menschlichem Umgang und irdischen Sorgen befreit gewesen sei, zeigt er, wie wenig er von körperlicher Qual und seelischer Erschütterung verstand – oder wie er dem Ideal des Heiligen zulieb davon verstehen wollte. Jedenfalls ist der Schluss richtig, Otmar habe durch seinen Tod «aus der Enge weltlicher Verwirrung in die Weite himmlischer Freude eingehen dürfen».

Heldenhaft ist sodann der stille Martertod der heiligen Inklusin Wiborada, ein Tod der Gelöbnistreue. Wiborada hatte vor Gott und den Menschen das Gelübde abgelegt, ihre frei gewählte Klause lebendigen Leibes nicht mehr zu verlassen. Sie blieb dem Versprechen treu, selbst als sie den Einfall ungarischer Kriegshorden voraussah. Unter deren Axthieben erlitt sie einen schmerzhaften, blutigen Tod (926). Kostbar in den Augen des Herrn, bewundert von den Zeitgenossen und den Nachfahren, aber voller Blut und Schmerzen war ihr Heimgang.

Zu den Heiligen, deren auf diesen Blättern gedacht worden ist, gehörte auch Bischof Wolfgang, Benediktiner von Einsiedeln und Bischof in Regensburg. Ihm hatte Sankt Otmar von St.Gallen in einer Vision den Tod vorausgesagt, den er in einer dem heiligen Otmar geweihten Kirche erlitt, zwar gefasst, wie es sich nach Auffassung des Hagiographen für einen Heiligen geziemte, aber doch unerwartet und in gewollter Öffentlichkeit auf dem Boden liegend vor dem Altar, worauf er «wie im Schlaf im Frieden» verschied (994).

Gottverbundene Menschen, deren Leben und deren Sterben schwer wog, schöpften die seelische Kraft aus ihrem Glauben an das Paulus-Wort (Römer 14,8): «Leben wir, so leben wir dem Herrn. Sterben wir, so sterben wir dem Herrn. Ob wir leben oder ob wir sterben, wir sind des Herrn.»

Vom schmerzhaften Tod der Nicht-Heiligen

Der Gegensatz zu «Heilige» hiesse wohl «Sünder». Aber wir wagen nicht, die folgenden Menschen Sünder zu nennen, selbst wenn sie von den eher subjektiven Quellen als solche geschildert worden sind. Denn auch die Heiligen waren oft Sünder, fällt doch selbst der Gerechte siebenmal des Tages. Und der Tod ist die Folge der Sünde: «Durch einen Menschen ist die Sünde in die Welt gekommen und durch die Sünde der Tod» (Römer 5, 12). Seither ist es «der Sterblichen Los zu fallen», stellte selbst Goethe fest.

Zu diesem Kapitel eignet sich als Leitwort die urmenschliche Klage des Dulders Hiob (7, 1–7): «Ist nicht Kriegsdienst des Menschen Leben auf der Erde? Sind nicht seine Tage die eines Tagelöhners? Er wartet auf den Lohn. So werden Monde voll Enttäuschung mein Erbe, und Nächte voller Mühsal teilt man mir zu. Schneller als das Weberschiffchen eilen meine Tage, der Faden geht aus, sie schwinden dahin. Denk daran, dass mein Leben nur ein Hauch ist.»

Wie sehr passt diese Erkenntnis zum Leben und Sterben der beiden feindlichen Brüder, die in der schmerzhaften Geschichte vom Brudermord im Toggenburg immer wieder – und auch hier – zum unseligen Gedenken aufgeschienen sind. Beide waren Männer der Macht, des Ehrgeizes, der Selbstsucht und damit letztlich der Menschenverachtung, ja der kalten Menschenvernichtung. Der ältere erschlug aus Missgunst den jüngeren (1226).

Sie zerschlugen damit schliesslich ihr Familienerbe und gingen seiner wie auch ihrer erschütterten Eltern verlustig. «Ist nicht Kriegsdienst des Menschen Leben auf der Erde?» Der Brudermord war für beide und war auch für ihre Eltern und für die Grafschaft Toggenburg zutiefst schmerzhaft. «Mein Geist wird kraftlos, meine Tage gehen zu Ende, einzig das Grab ist mir übrig» (Hiob 17, 1).

Ein spektakulärer Tod hatte fünfhundert Jahre früher den Konstanzer Bischof Sidonius, den die Quellen unter die Verfolger des Abtes Otmar von St.Gallen einreihen, betroffen. Als er die führungslos gewordenen Mönche seiner Herrschaft zu unterwerfen begann, befiel ihn anlässlich eines Besuches in St.Gallen – angeblich ausgerechnet vor dem Gallus-Altar – eine so unmässige Darmkolik, dass er sich und allen Mitmenschen zum unerträglichen Ärgernis wurde, bis er nach einigen Tagen «seinen Geist aus der Kloake des Leibes» auszuhauchen vermochte (760). Es war der schmerzhafte Tod der Nichtheiligen, die in die Lokalgeschichte eingegangen sind.

Einen ähnlich beschämenden Tod erlitt fünfhundert Jahre später, als niemand mehr von Bischof Sidonius sprach, der stolze und mächtige Fürstabt Berchtold von Falkenstein. Er war kein Heiliger und war auch nicht ein Sünder. Aber er war ein gänzlich verweltlichter Reichsfürst, erfolgreich für sich und für seine ungeistlich gewordene Abtei als Territorialherrscher und als gerissener Wirtschafter. Die Untertanen, genannt die «Gotteshausleute», achteten und fürchteten ihn. Die freiheitslustigen Appenzeller hassten ihn als ihren Zwingherrn. Von Theologie verstand er nichts, von Finanz und Wirtschaft alles. Die Abtei blühte diesbezüglich, lag aber geistig-geistlich in Agonie. Der gestrenge Herr seines Volkes war ein verschwenderischer Gastgeber seiner adeligen Freunde; seine Ritterfeste waren sagenhaft, und trotzdem starb er in tragischer Einsamkeit. Eine eiternde Fusswunde verbreitete einen solchen Gestank an Fäulnis, dass ihn alle vornehmen Bediensteten verliessen – wie weiland den an unerträglichem Gestank der Darmkolik darniederliegenden Bischof Sidonius. «Einige arme Leute» erbarmten sich seiner, als er nach fünfmonatiger Krankheit endlich sterben konnte (1272). Der schmerzhafte Tod der Unheiligen – Gott und die Armen erbarmten sich ihrer.

Eine tragisch anmutende Gestalt zwischen «unheilig» und «heilig» war schliesslich der junge Mönch Victor aus edler rätischer Familie, der in die Abtei St.Gallen eintrat – wohl im Hinblick auf die rätische Abtei Pfäfers, die im 10. Jahrhundert vorübergehend St.Gallen unterstand; als ihr Abt wäre Victor bestens geeignet gewesen. In St.Gallen verstand sich der stolze Räter nicht mit den Alemannen, insbesondere nicht mit dem sturen Abt Craloh. Es fehlte nicht an gegenseitigen Provokationen. Als Victor zu seiner Familie zurückkehren wollte, liess ihn Craloh überfallen. Und wie er sich zur Wehr setzte, stachen ihm die grausamen Häscher beide Augen aus. Der erschütterte Victor wurde in das Kloster zurückgetragen; Craloh aber wagte aus Furcht vor der Blutrache nicht mehr, dort zu weilen. Der an Leib und Seele verletzte Victor wurde schliesslich geduldig, ja versöhnlich. In späteren Jahren liess er sich als Einsiedler im Elsass nieder, wo er der Ratgeber und Wohltäter seiner Mitmenschen wurde und schliesslich, verehrt als Heiliger, starb (nach 991).

Ähnlich tragisch war das Schicksal des jungen, zum Mönchsstand gezwungenen Wolo. Aus brennendem Heimweh nach der heimatlichen Natur ersehnte er ein Leben ausserhalb des Klosters. Er bestieg unerlaubterweise den Glockenturm, der ihm den Blick nach aussen bot, und fiel – halb zufällig, halb freiwillig – zu Tode (876).

Der gütige Magister Notker Balbulus betete und büsste freiwillig für ihn, bis er in einer Offenbarung erfuhr, dass Wolo vor Gott gerettet sei. Es war ein schmerzlicher und schliesslich doch tröstlicher Tod.

Wahrhaftig, wie recht hatte der Dulder Hiob, dass «des Menschen Leben auf der Erde wie ein Kriegsdienst» sei, «Tage und Nächte voller Mühsal». Es ist der alte und stets neue Kreuzweg – der Heimweg – vom «unheiligen» zum «heiligen» Menschen.

Von der Ergebenheit in den Tod

Zu allen Zeiten, selbst im christlichen Mittelalter, über dem in Bild und Zeichen das Todesleiden Jesu Christi stand, gibt es die rebellische Klage gegen den Tod. Wie zeitlos menschlich mutet das «Streit- und Trostgespräch vom Tode» des Johannes von Saaz aus dem Jahr 1400 an: «Der Ackermann und der Tod». An seinem Ende lautet das Urteil Gottes, dass jeder Mensch das Leben dem Tod, den Leib der Erde, die Seele aber Gott zu geben verpflichtet sei.

Trotzdem – oder deshalb – ist die Haltung des mittelalterlichen Menschen eine nicht fatalistische, sondern letztlich ergebene Gelassenheit in das Unvermeidliche. Denn er wusste im Glauben an Gottes Fügung und Vorsehung in allem Leid, dass es dem Menschen gesetzt ist, zu sterben: «Und wie dem Menschen bestimmt ist, einmal zu sterben, hernach aber das Gericht folgt, so hat sich auch Christus einmal geopfert, um die Sünden der vielen hinwegzunehmen» (Hebräerbrief 9,27f.).

In den St.Galler Quellen ist zwar oft die Trauer um den Heimgang verehrter Persönlichkeiten zu vernehmen. Denn «gebeugt bin ich und ein Sterbender von jung auf» (Psalm 37,16). Aber trotzdem überwiegt die Gelassenheit: die Ergebung in den Tod. Man wusste aus Erfahrung, dass man – eher unfreiwillig – zwar in den Tod springen, nicht aber dem Tod entrinnen kann. Und man wusste, dass das wundertätige Kräutlein gegen den Tod noch nie gewachsen ist und niemals wachsen wird. Es gab auch noch nicht die Diskussion über «wertes oder unwertes Leben». Denn jedes Leben galt als «wert» – im Sinn des philosophischen Prinzips: «Esse melius quam non esse», genauer «vivere melius quam non vivere» – Sein ist besser als Nicht-Sein, Leben besser als Sterben. Und wenn das Sterben unvermeidlich war, so tröstete doch die Gelassenheit in der Versicherung des Paulus (Römer 6,8): «Sind wir mit Christus gestorben, so glauben wir, dass wir auch mit ihm leben werden.» Es war der Trost aller mittelalterlichen Menschen, die auf diesen Blättern zum Gedenken erweckt worden sind – der Trost, der ihre Gelassenheit bewirkt hat.

Hier folgt in Kürze der Rückblick auf diese echt «mittelalterlichen» Todesfälle, deren Geschichte auf den vorausgegangenen Blättern geschildert worden ist, so weit es die eher objektiven als subjektiven Quellen ermöglicht haben.

Vorerst der Lehrer und Mönchsarzt Iso: Er starb (871) im fernen Kloster Moutier-Grandval, noch in rüstigen Jahren, mit Heimweh nach St.Gallen, aber hochverehrt wie ein Heiliger.

Sodann der St.Galler Abt und Reichskanzler Grimalt: Er starb (872) als frommer Greis in klösterlicher Zurückgezogenheit.

Der Bischof Landaloh von Treviso: Er starb (883) auf der Reise in die St.Galler Heimat «in rühmlicher Weise».

Der Magister Ratpert verschied (um 900) umgeben von seinen ehemaligen Schülern «in aller Freudigkeit».

Abt-Bischof Salomon von Konstanz und St.Gallen, Reichskanzler und zeitweise Reichsregent: Er schied (919) nach gefeierter Messe und öffentlicher Beichte «in vollstem Vertrauen auf den Herrn», mit vielen Tränen beweint von den Seinen.

Der alte Priester und Seelsorger Gerald: Er starb (um 960) nach öffentlichem Sündenbekenntnis und herzlichem Abschied von seinen Mitmönchen auf dem Boden liegend, zwar unter Schmerzen, aber «noch im Tode lächelnd».

Dekan Ekkehart I., gepriesen als «fruchtbarer Weinstock», der dem Kloster vier bedeutende Neffen zugeführt hatte (gestorben 993), wurde von Immo, dem nachmaligen Abt, mit dem Klageruf an Gott betrauert: «Siehe, Herr, und schau, wen du so (in der Weinlese) eingeerntet/eingeherbstet hast!» Es war nicht ein verzweifelter Schrei, sondern der uralte Klageruf aus den Lamentationen des Jeremias (2,20): «Siehe, Herr, und schau, an wem du so Weinlese gehalten hast!»

Anders Propst Chunibert: Er endete sein verdienstvolles Leben (um/nach 976) in einem Sturz vom Pferd, als er eben das lateinische Psalmwort «Sie werden wiederkommen mit Frohlocken (in exultatione)» ausgesprochen hatte.

Abt Purchard II. kam auf dem Römerzug des Kaisers Heinrich II. (1022) an der Pest um, gefeiert als «hochfeiner Spiegel der heiligen Kirche».

Abt Heinrich von Klingen ging (1204) als getreuer Ökonom seines Klosters gefasst «den Weg allen Fleisches».

Anders Abt Rudolf von Güttingen, ein Verschwender: Er starb (1226) unversehens in Rom, erhielt zwar ein prunkvolles Begräbnis; aber ob sein Tod selig oder bitter war, ist nicht überliefert.

Schliesslich Abt Ulrich Rösch, der musterhafte Verwalter und hochverdiente Begründer des stift-st.gallischen Territoralstaates, zwar im Lebenswandel noch dem Konkubinat verhaftet, in der persönlichen Frömmigkeit und in der Klosterzucht aber reformerisch gesinnt: Er starb (1491) eines ehrenvollen Todes und hinterliess sein privates Gebetbuch als beispielhaften Meditationszyklus in Gebeten und Bildern nach Vorlagen, die bis zum sogenannten «Hildegard-Gebetbuch» zurückreichen. Bestärkt durch diese Todesgebete starb er trotz aller Tatkraft ergeben in Gottes Fügung.

Woher kam all diese Ergebenheit in den unvermeidlichen Tod? Nicht in erster Hinsicht aus der Aussichtslosigkeit eines Protestes, sondern aus dem bestärkenden, tröstenden, erbaulichen Glauben an die neutestamentliche Verheissung: «Wir haben hienieden keine bleibende Stätte, sondern wir sind auf der Suche nach der zukünftigen Heimat» (Hebräerbrief 13,14). Wo finden wir sie? «Unsere Heimat ist im Himmel. Von dort erwarten wir auch den Heiland, den Herrn Jesus Christus. Er wird unseren armseligen Leib umwandeln und seinem verklärten Leibe gleichgestalten vermöge der Macht, durch die er sich alles unterwerfen kann» (Philipper 3,20f.).

Vom Sterben in der Öffentlichkeit

Heutzutage stirbt man möglichst privat, sozusagen geheim. Anders war es im christlichen Mittelalter, da man sich als Glied der Kirche fühlte, insbesondere im klösterlichen Mittelalter, da man sich von der Kommunität – von den gleichgesinnten Mitbrüdern oder Mitschwestern – getragen wusste: im Leben und im Sterben und in den Suffragien nach dem Tod. In die Nekrologien trug man die Sterbedaten ein, auf dass man an den Jahrestagen alljährlich über Jahrzehnte oder gar Jahrhunderte hinweg der verstorbenen Mitbrüder oder Mitschwestern in Gebet und Opfer gedenken konnte. Es war die tröstliche Gemeinschaft der Lebenden und der Verstorbenen (die «communio vivorum et mortuorum»). Und in den «Liber viventium» schrieb man die Namen aus den verbrüderten Klöstern ein, deren Verstorbenen man das eifrige Gedächtnis in Gebet und Messopfer versprochen hatte. Solcher Tod war keineswegs geheim, sondern war bewusst öffentlich in christlicher Gemeinschaft. Sie half, sie trug, sie tröstete.

Aber auch das Sterben in der eigenen klösterlichen Kommunität wurde nach Möglichkeit geradezu gemeinsam zelebriert – zum Trost der Sterbenden und zum «Memento mori» der Lebenden. Dazu Alois M. Haas, wozu sich im quellenreichen St.Gallen manche schriftlichen Zeugnisse gesellen:

«Aus Darstellungen der bildenden Kunst wissen wir, dass die mittelalterliche Sterbeszene keine Angelegenheit privater Natur war. Im Mittelpunkt liegt der Sterbende auf seinem Schmerzenslager, der Zeitsitte gemäss unbekleidet, aber doch zugedeckt. Böse Engel plagen ihn, gute Engel nahen sich ihm stärkend vom Kopfende des Bettes her. Der Priester kommt mit dem Viaticum, der Kommunion. Familie, Freunde und Nachbarn treten im Gefolge des Priesters in die Sterbekammer. Der Sterbende hält eine brennende Kerze in der Hand. Oft bekommt er noch den Johanniswein zu trinken, einen Abschiedstrunk mit dem Wunsch, dass man sich im Jenseits wiedersehen möge. Ein Kruzifix war auf jeden Fall – zu Füssen oder am Kopfende des Bettes – da. Bisweilen ist der Todkranke zum Sterben in die Kirche verbracht worden. Dort legte man ihn auf eine Bussdecke aus Ziegenhaaren (cilicium) und bestreute ihn mit Asche, bis dann das Sterberitual beginnen konnte. Nach anderen Überlieferungen wurde der Sterbende auf den nackten Boden gelegt, um ihn mit der Unterwelt in Berührung zu bringen, wohin der Tote ohne Verzug zu gehen hatte. Eine Abschwächung des Vorgangs war möglich, wenn man den Sterbenden zu seiner Erleichterung auf ein Strohbündel legte oder auf eine Strohmatte. Die Umbettung war jedenfalls bis ins Spätmittelalter gebräuchlich...»

Der unmittelbare Kontakt des dahinsiechenden Körpers mit der Erde gemahnt an die liturgische Formel, die am Aschermittwoch beim Auflegen der geweihten Asche erinnert: «Bedenke, Mensch, dass du Staub bist und zum Staub zurückkehren wirst!» Es ist die Erinnerung an das Wort des gestrengen Gottes an Adam: «Im Schweiss deines Angesichts sollst du dein Brot essen, bis du zurückkehrst zum Ackerboden, von dem du genommen bist. Denn Staub bist du...» (Genesis 3, 19.)

Eindrucksvolle Berichte vom öffentlichen Sterben auf blossem Boden sind hier aus St.Galler Quellen mitgeteilt worden: so vom Mönch Gerald (um 960), der in seiner schmerzhaften Krankheit bat, ihm auf der blossen Erde Heu zu unterlegen und darüber das härene Kleid zu breiten. Und während er sich darauf hinstreckte, bat er, alle Brüder zu rufen, legte vor ihnen die Beichte ab, erhielt Vergebung, worauf sie ihm die ewige Ruhe wünschten und sich verabschiedeten, ausgenommen die Psalmensänger, um die er gebeten hatte. Als er dann mit verdrehten Augen und bleichen Lippen in den letzten Zügen lag, schlugen sie die Glocke, riefen die Brüder herbei und liessen ihn sozusagen lächelnd verscheiden.

Nicht weniger eindrucksvoll ist die hier ausführlicher mitgeteilte Schilderung vom öffentlichen Tod des Notker Labeo, des ersten deutschen Sprachmeisters (1022). Als er den Tod nahe fühlte, bat er die Mitbrüder um ihr Gebet, damit ihm eine «fröhliche Komplet» beschieden sei – denn es läutete eben zur Komplet. Und er wünschte, dass die Pforten des Klosters weit geöffnet würden, damit alle Bedürftigen hereinkämen, auf dass er sie «bei seinem Sterben essen und trinken sehen» könne. So war denn das Haus voll von Armen, die «mit ihrem üblichen Lärm» selbst die Brüder «belästigten», und auch vor ihnen legte der Sterbende seine Beichte ab. «Er betete ein wenig, sank zurück und entschlief.»

Ähnlich war es bei Bischof St. Wolfgang gewesen, der in einer dem heiligen Otmar geweihten Kirche starb (994). Nachdem er das Sterbesakrament empfangen hatte, warf er sich auf den Boden nieder und bat, die Türen weit zu öffnen und keinen – weder Eigene noch Fremde, die durch die ungewohnte Herkunft eines Bischofs mit Gefolge neugierig geworden waren – am Eintreten zu hindern. Denn sterben sei keine Schande, sagte er, da doch auch Jesus Christus sich nicht geschämt habe, am Kreuz «für das Heil des sterblichen Geschlechts beinahe nackt zu sterben».

Wer den Trost, den der mittelalterliche Gläubige aus dem «Sterben in der Öffentlichkeit» schöpfte, bedenkt, mag erahnen, wie bitter es für den einstmals weithin tätig gewesenen Abt Sankt Otmar (um 759) gewesen sein muss, in gänzlicher Einsamkeit – verleumdet und verfolgt – auf der kleinen Insel Werd zu sterben. Verlassen von Freund und Feind, verlassen scheinbar auch vom schweigenden Gott! Wie recht hat das alttestamentliche Buch der Weisheit (9,13–15): «Welcher Mensch kann Gottes Plan erkennen, oder wer begreift, was der Herr will? Unsicher sind die Berechnungen der Sterblichen und hinfällig unsere Gedanken! Denn der vergängliche Leib beschwert die Seele, und das irdische Zelt belastet den um gar vieles besorgten Geist.»

Vom Trost der kirchlichen Sterbehilfe

So sehr menschliches Leben und Sterben von Zufällen, Anfällen, Unfällen, Notfällen und Zwischenfällen aller Art betroffen werden kann, so sehr bedürfen die verunsicherten Menschen des Glaubens an Gottes Vorsehung. «Eine Religion, welche die Ängste und das Scheitern der Menschen nicht ernst nimmt, geht von selber zu Grunde», konstatiert der kritische Theologe Eugen Drewermann.

Der Gründer der christlichen Kirche Jesus Christus, der aus seiner Gottheit in das menschliche Leben und Sterben hinabgestiegen ist und die Hoffnung auf die «Auferstehung von den Toten» gelehrt und beispielhaft vorgelebt hat, wusste wie kein anderer um diese geradezu existentielle Verpflichtung seiner Religion. Er nahm die Ängste der Menschen ernst und schenkte in ihr Scheitern jenen Trost, der bei der Ausgestaltung des Christentums in den sogenannten «Sterbesakramenten» kulminiert. Sie vor allem waren es, die im klösterlich-st.gallischen Mittelalter den glaubenden und hoffenden Menschen den Übergang vom Leben zum Tod nicht als Scheitern, sondern als ihren seligen Heimgang empfinden liessen. Noch heute liest man gelegentlich in Todesanzeigen, der Verstorbene sei «versehen mit den Tröstungen seiner Kirche» verschieden.

Welches waren und sind bis heute diese Tröstungen? Dazu Alois M. Haas, der Erforscher mittelalterlicher Mystik und Frömmigkeit: «Das Sterberitual umfasste – und umfasst noch heute – eine ganze Reihe von Punkten, die nacheinander abliefen. Sicher gehörten – und gehören noch heute – dazu die drei Sakramente: Beichte, Krankensalbung und Kommunion.»

Zunächst die Beichte: Sie bestand und besteht im Geständnis der Sünden und der Absolution durch den Priester, bevollmächtigt von Jesus Christus, der nach seiner Auferstehung den Aposteln erschien und zu ihnen sprach: «Friede sei mit euch! Wie mich der Vater gesandt hat, so sende ich euch.» Nach diesen Worten hauchte er sie an und sprach zu ihnen: «Empfanget den Heiligen Geist: denen ihr die Sünden nachlasst, denen sind sie nachgelassen; denen ihr sie behaltet, denen sind sie behalten.» (Johannes 20,21–23.) Voraussetzung ist also das Bekenntnis der Sünden. Wenn nun aber ein bevollmächtigter Priester fehlte, was auch heutzutage immer öfter der Fall ist, konnte und kann das Sündenbekenntnis nötigenfalls einem Laien abgelegt werden – im Vertrauen auf Gottes Barmherzigkeit. Denn das ehrliche Bekenntnis der Schuld und der Glaube an den Allwissenden und Allgütigen erleichtern die sündenbelastete Seele in jedem Fall.

Das andere Sakrament ist «die Krankenölung, die mit der Zeit immer mehr an den Rest des Lebens verschoben und erst 'in extremis' vorgenommen und damit seit dem 12. Jahrhundert 'extrema unctio' – letzte Ölung – genannt wurde», – heute allerdings in jeder ernstlichen Erkrankung, ja sogar in den Jahren hohen Alters zu spenden. Sie besteht in der Salbung der fünf Sinne, nötigenfalls auch nur der Stirne, durch das 'oleum infirmorum', das vom Bischof persönlich in der Karwoche geweiht wird.

Das Sakrament, das auf den uralten Gebrauch des Öls im sakralen, medizinalen und kosmetischen Bereich – von der Salbung der Könige bis zur Einbalsamierung der Leichen – zurückgeht, hat eine seiner biblischen Quellen im neutestamentlichen Jakobusbrief (5,14–16): «Ist jemand unter euch krank, so lasse er die Presbyter der Kirche kommen, dass sie über ihn beten und ihn mit Öl salben im Namen des Herrn; das Gebet des Glaubens wird den Kranken retten, und der Herr wird ihn aufrichten; und wenn er Sünden begangen hat, so werden sie ihm vergeben werden. Bekennet einander euere Sünden und betet füreinander, damit ihr Heilung findet; viel vermag das eindringliche Gebet eines Gerechten.»

Der Höhepunkt des Sterberitus war und ist die heilige Eucharistie: Brot für den Leib Jesu, Wein für das Blut Jesu. «Nachdem der Kranke das Herrengebet und das Glaubensbekenntnis gesprochen, seinen Geist in Gottes Hände befohlen, sich mit dem Kreuz bezeichnet und von den Lebenden Abschied genommen hatte, wurde ihm das 'viaticum' gereicht: die Kommunion in beiderlei Gestalten» (Alois M. Haas). Viaticum heisst Wegzehrung, also Nahrung auf den grössten und letzten Weg, der zum Heimweg vom irdischen zum himmlischen Leben wird. Das biblische Fundament liegt in den Worten Jesu Christi:

- in der Verheissung der Eucharistie: Jesus sprach: «Ich bin das Brot des Lebens. Euere Väter haben in der Wüste das Manna gegessen und sind gestorben. Dieses aber ist das Brot, das aus dem Himmel herabkommt, dass man von ihm esse und nicht sterbe. Ich bin das lebendige Brot, das aus dem Himmel herabgekommen ist. Wer von diesem Brot isst, wird in Ewigkeit leben, und zwar ist das Brot, das ich geben werde, mein Fleisch für das Leben der Welt. Wer mein Fleisch isst und mein Blut trinkt, hat das ewige Leben, und ich werde ihn auferwecken am Jüngsten Tag.» (Johannes 6,48–51, 54).
- in der Einsetzung der Eucharistie beim Abendmahl: «Während des Mahles nahm Jesus das Brot, sprach den Segen, brach es und gab es ihnen mit den Worten: 'Nehmet hin, das ist mein Leib!' Dann nahm er den Kelch, sprach das Dankgebet, reichte ihn den Jüngern und sie tranken alle daraus. Und er sagte zu ihnen: 'Das ist mein Blut, das Blut des Bundes, das für die vielen vergossen wird zur Vergebung der Sünden!'» (Matthäus 26, 26–28; Markus 14, 22–24.) Dazu Lukas (22, 19): «Tut dies zu meinem Gedächtnis!»

Wie oft sangen wir in Erinnerung an diese Worte Jesu das schlichte, fromme Lied aus unserem diözesanen Kirchengesangbuch (Text von Melchior Vulpius 1609, Melodie von J.B. Weigl 1817):

> Beim letzten Abendmahle, / die Nacht vor seinem Tod,
> nahm Jesus in dem Saale, / Gott dankend, Wein und Brot.
>
> «Nehmt», sprach er, «trinket, esset! / das ist mein Fleisch und Blut,
> damit ihr nicht vergesset, / was meine Liebe tut!»
>
> Dann ging er hin zu sterben / am blutigen Kreuzaltar;
> gab, Heil uns zu erwerben, / sich selbst zum Opfer dar.

Diese dreifache kirchliche Sterbehilfe wurde den Mönchen im mittelalterlichen Galluskloster – gleich auch in allen anderen Jahrhunderten – so selbstverständlich zuteil, dass sie nicht eigens geschildert werden musste.

Gelegentlich finden sich in den Quellen Hinweise, die eher auf Besonderheiten hinweisen. So wird vom heiligen Benedikt berichtet, dass er sich in das Bethaus tragen liess, wo er sich «für den Tod durch den Empfang des Leibes und Blutes des Herrn stärkte» (um 547). Als der heilige Gallus (um 650) in Arbon auf dem Sterbebett lag, eilte Bischof Johannes von Konstanz, sein ehemaliger Schüler, in schnellem Boot herbei, um ihm die letzten Tröstungen zu erweisen; dass er zu spät kam, erfüllte ihn mit Schmerz. Beim dramatisch-tragischen Tod des jungen Mönches Wolo in St.Gallen wird eigens vermerkt, dass man ihm nach seinem Sturz vom Glockenturm «eilig die Wegzehrung brachte, ... er legte die Beichte ab und empfing das Abendmahl» (876).

Besonders ergreifend ist der Sterbevermerk zum frommen Dichter-Mönch Notker dem Stammler, dessen «Seele nach Gott dürstete». Als er, «von einem scharfen kalten Weh heimgesucht», den Tod nahe spürte, rief er die Brüder zu sich. «In ihrem Beisein wurde er mit den heiligen Sakramenten versehen: mit dem zarten Fronleichnam Jesu Christi, mit seinem rosenfarbenen Blut und mit der Salbung des heiligen Öls. Er segnete sie und befahl sie Gott und den heiligen Hausvätern Sankt Gallus und Otmar an und empfahl sich selber dem Gebet der Brüder. Und er gab seinen Geist in die Hände Jesu auf.» (912)

Vom «Sterben in der Öffentlichkeit» und der öffentlichen Beichte ist hier schon im letzten Kapitel berichtet worden, damit auch von Abt-Bischof Salomon (919), von den Mönchen Gerald (um 960) und Notker dem Deutschen (1022) sowie von Bischof Sankt Wolfgang (994). Von Salomon sei hier beigefügt, dass er noch persönlich in der Feier der heiligen Messe «die Eucharistie vollzog», von Wolfgang, dass er selber nach dem Sterbesakrament verlangte.

Abt Purchard I. wurde beim Sterben (975) von seinem Freund, dem Bischof Konrad von Konstanz – es war Konrad der Heilige – betreut, der ihn «mit dem heiligen Öl salbte». Auch von Abt Ulrich von Sax wird eigens erwähnt, dass er in seinem Todesleiden (1220) «mit dem heiligen Öl gesalbt wurde», worauf er «in rührenden Worten von der Verachtung der Welt» zu den weinenden Mitbrüdern sprach. Dem Abt Rudolf von Güttingen, der in Rom «den Weg allen Fleisches ging» (1226), liess Kardinalbischof Konrad von Urach «viel Fürsorge angedeihen». Und Abt Ulrich Rösch bat in seinem Gebetbuch im Hinblick auf sein Lebensende (1472) ausdrücklich um die Bewahrung «vor einem jähen und unversehenen Tod». Ähnlich das «Media vita» in der Dichtung von P. Anton Widenmann, der Gott bittet: «Gib uns nit in den bitteren Todt, stande uns bei in aller Noth!»

Zum Schluss drängt sich die Erkenntnis auf, dass die Fälle, in denen das Sprichwort gilt «Rasch greift der Tod den Menschen an», unzählbar und unabsehbar sind. Umso tröstlicher ist das Wort Jesu: «Ich bin die Auferstehung und das Leben. Wer an mich glaubt, wird leben, wenn er auch gestorben ist. «(Johannes 11, 25). Dazu gesellt sich die Versicherung aus dem ersten Johannes-Brief (5, 4–5): «Alles, was von Gott stammt, besiegt die Welt. Und das ist der Sieg, der die Welt besiegt hat: unser Glaube. Wer sonst besiegt die Welt ausser dem, der glaubt, dass Jesus der Sohn Gottes ist.»

Zu den Johannes-Texten fügt sich schliesslich die Vision aus der «Geheimen Offenbarung des Johannes» (Apokalypse 21, 1–6): «Ich sah einen neuen Himmel und eine neue Erde. Denn der erste Himmel und die erste Erde sind vergangen, und auch das Meer ist nicht mehr. Darauf sah ich die heilige Stadt, das neue Jerusalem, aus dem Himmel von Gott herniedersteigen, so herrlich wie eine Braut, die sich für ihren Mann geschmückt hat. Vom Throne her hörte ich eine laute Stimme sagen: ‘Siehe da das Zelt Gottes unter den Menschen! Er wird bei ihnen wohnen, sie werden sein Volk sein, und er selbst, Gott, wird bei ihnen sein. Er wird von ihren Augen wegwischen jede Träne. Es wird kein Tod mehr sein, keine Trauer, keine Klage und kein Schmerz. Denn was einst war, ist vergangen.’ Und der auf dem Throne sass, sprach: ‘Siehe, ich mache alles neu.’ Dann fuhr er fort: ‘Schreibe diese Worte nieder, denn sie sind zuverlässig und wahr.’»

Jesus stirbt am Kreuz den Erlösertod. Miniatur von Hartker um 993–997 in Cod. Sang. 391, S. 27.

Jesus wäscht seinen Jüngern zum Abschied die Füsse. Miniatur von Hartker um 993–997 in Cod. Sang. 390, S. 186.

Jesus feiert mit seinen Jüngern das letzte Abendmahl. Miniatur von Hartker um 993–997 in Cod. Sang. 390, S. 183.

Die Frauen erfahren am Ostergrab die Auferstehung Jesu. Miniatur von Hartker um 993–997 in Cod. Sang. 391, S. 33.

Quellen und Literatur

Quellen zu den Geschichten vom Sterben

Sankt Benedikt – Der aufrechte Tod (um 547)

Vom Tod Scholastikas und Benedikts

Dialoge Gregors des Grossen, II, Kap. 34 und 37. Hier zitiert nach: Bibliothek der Kirchenväter, 2. Reihe, Band 3/2, hrsg. von Joseph Funk, München 1933, S. 99 und 103.

Sankt Columban – Der versöhnliche Tod (615)

Gallus erlebt visionär den Tod Columbans

Vita sancti Galli, Kap. I, 26, verfasst von Walahfrid Strabo, übersetzt von Camilla Dirlmeier, in: Quellen zur Geschichte der Alamannen III, hrsg. von der Heidelberger Akademie, Sigmaringen 1979, S. 53ff.

Columban erleidet die Gebrechen des Alters

Johann Joseph Laux, Der hl. Kolumban, sein Leben und seine Schriften, Freiburg i.Br. 1919, S. 236f.

Sankt Gallus – Der ergebene Tod (um 650)

Gallus erkrankt und stirbt in Arbon

Vita sancti Galli, Kap. I, 29, verfasst von Walahfrid Strabo, übersetzt von Camilla Dirlmeier, in: Quellen zur Geschichte der Alamannen III, hrsg. von der Heidelberger Akademie, Sigmaringen 1979, S. 55.

Gallus wird in seiner Zelle zu St.Gallen bestattet

Vita sancti Galli, Kap. I, 30 und I, 33, verfasst von Walahfrid Strabo, übersetzt von Camilla Dirlmeier, in: Quellen zur Geschichte der Alamannen III, hrsg. von der Heidelberger Akademie, Sigmaringen 1979, S. 56–58.

Sankt Otmar – Der einsame Tod (759)

Abt Otmar wird verurteilt und stirbt in der Verbannug auf der Rheininsel Werd

Vita sancti Otmari, Kap. 4–6, verfasst von Diakon Gozbert um 830 in der Fassung von Walahfrid Strabo um 834/838, übersetzt von Johannes Duft, in: Sankt Otmar – Die Quellen zu seinem Leben, Bibliotheca Sangallensis 4. Bd., Zürich und Lindau/Konstanz 1959, S. 29–35.

Der Leichnam des Abtes Otmar wird in sein Kloster heimgeholt

Vita sancti Otmari, Kap. 7–9, verfasst von Diakon Gozbert um 830 in der Fassung von Walahfrid Strabo um 834/838, übersetzt von Johannes Duft, in: Sankt Otmar – Die Quellen zu seinem Leben, Bibliotheca Sangallensis 4. Bd., Zürich und Lindau/Konstanz 1959, S. 35–39.

Bischof Sidonius – Der schmähliche Tod (760)

Bischof Sidonius von Konstanz erleidet in St.Gallen eine todbringende Kolik

Vita sancti Galli / Miracula, Kap. II, 15 und 17, verfasst von Diakon Gozbert vor 830 in der Fassung von Walahfrid Strabo nach 833/834, übersetzt von Johannes Duft, in: Sankt Otmar – Die Quellen zu seinem Leben, Bibliotheca Sangallensis 4. Bd., Zürich und Lindau/Konstanz 1959, S. 47–49.

Magister Iso – Der Tod in der Fremde (871)

Magister Iso stirbt zu seinem Bedauern nicht im heimatlichen St.Gallen, sondern im fremden Kloster Moutier-Grandval

Casus sancti Galli, Kap. 32 (gekürzt), verfasst von Ekkehart IV. vor 1050, herausgegeben und übersetzt von Hans F. Haefele, in: Ausgewählte Quellen zur deutschen Geschichte des Mittelalters, Band 10, Darmstadt 1980, S. 77.

Abt-Kanzler Grimalt – Der würdige Tod (872)

Kanzler Grimalt stirbt als Abt-Resignat im Kloster St.Gallen

De origine et diversis casibus monasterii sancti Galli, Kap. 28, verfasst von Ratpert um/nach 884, herausgegeben von Gerold Meyer von Knonau, in: Mitteilungen zur vaterländischen Geschichte, Heft 13, St.Gallen 1872, S. 50f. Übersetzt von Johannes Duft.

Der junge Mönch Wolo – Der Tod aus Heimweh (876)

Wolo bricht sich beim Sturz vom Glockenturm das Genick, Notker betreut den Sterbenden

Casus sancti Galli, Kap. 43/44 (letzteres hier gekürzt), verfasst von Ekkehart IV. vor 1050, herausgegeben und übersetzt von Hans F. Haefele, in: Ausgewählte Quellen zur deutschen Geschichte des Mittelalters, Band 10, Darmstadt 1980, S. 96–101.

Bischof Landaloh – Der Tod in der Heimat (vor 883)

Bischof Landaloh von Treviso stirbt auf der Rückreise aus Italien unversehens in Rorschach und wird im Kloster St.Gallen bestattet

Casus sancti Galli, Kap. 9, verfasst von Ekkehart IV. vor 1050, herausgegeben und übersetzt von Hans F. Haefele, in: Ausgewählte Quellen zur deutschen Geschichte des Mittelalters, Band 10, Darmstadt 1980, S. 32–33.

Magister Ratpert – Der versicherte Tod (um 900)

Magister Ratpert, zwar streng, aber wohlwollend, wird von seinen ehemaligen Schülern des Gedenkens versichert

Casus sancti Galli, Kap. 34 und 44 (hier gekürzt und überarbeitet), verfasst von Ekkehart IV. vor 1050, herausgegeben und übersetzt von Hans F. Haefele, in: Ausgewählte Quellen zur deutschen Geschichte des Mittelalters, Band 10, Darmstadt 1980, S. 79 und 101.

Notker Balbulus – Der ersehnte Tod (912)

Notker der Stammler stirbt blind und alt in einem Winkel der Kirche

Das Leben des heiligen Notker von Konrad Haller (1522), Kap. 23. Edition mit Einleitung von Erika-Anette Koeppel, Göppinger Arbeiten zur Germanistik Nr. 359, Göppingen 1983, S. 213–221. Übertragung in das Neuhochdeutsche und Zusammenfassung von Johannes Duft.

Abt-Bischof Salomon – Der vertrauensvolle Tod (919)

Abt-Bischof Salomon verabschiedet sich im Kloster St.Gallen und stirbt vertrauensvoll in seiner Bischofskirche zu Konstanz

Casus sancti Galli, Kap. 25–27 (hier gekürzt wiedergegeben), verfasst von Ekkehart IV. vor 1050, herausgegeben und übersetzt von Hans F. Haefele, in: Ausgewählte Quellen zur deutschen Geschichte des Mittelalters, Band 10, Darmstadt 1980, S. 64–69.

Sankt Wiborada – Der gewaltsame Tod (926)

Wiborada wird von eingedrungenen ungarischen Plünderern in ihrer Zelle erschlagen

Vita sanctae Wiboradae von Ekkehart I. um 960/970 in der Überarbeitung von Ekkehart IV. um 1047, Kap. 33 und 35, herausgegeben und übersetzt von Walter Berschin, in: Mitteilungen zur vaterländischen Geschichte, Band 51, St.Gallen 1983, S. 85–89.

Wiborada wird als erste Frau der Kirchengeschichte vom Papst heiliggesprochen

Casus sancti Galli, Kap. 56, verfasst von Ekkehart IV. vor 1050, herausgegeben und übersetzt von Hans F. Haefele, in: Ausgewählte Quellen zur deutschen Geschichte des Mittelalters, Band 10, Darmstadt 1980, S. 125.

Continuatio II casuum sancti Galli nach 1047, Kap. 20, in der Übersetzung von Walter Berschin, Vitae Sanctae Wiboradae, in: Mitteilungen zur vaterländischen Geschichte, Band 51, St.Gallen 1983, S. 15.

Wie sich die Blutspur der ungarischen Kriegerhorde weiterzog

Casus sancti Galli, Kap. 64, verfasst von Ekkehart IV. vor 1050, herausgegeben und übersetzt von Hans F. Haefele, in: Ausgewählte Quellen zur deutschen Geschichte des Mittelalters, Band 10, Darmstadt 1980, S. 137–139.

Volkspriester Gerald – Der lächelnde Tod (um 960)

Der Mönch und Volksseelsorger Gerald stirbt nach verdienstvollem Leben und schmerzlicher Krankheit, noch im Tode lächelnd

Casus sancti Galli, Kap. 124 (hier gekürzt) und 125, verfasst von Ekkehart IV. vor 1050, herausgegeben und übersetzt von Hans F. Haefele, in: Ausgewählte Quellen zur deutschen Geschichte des Mittelalters, Band 10, Darmstadt 1980, S. 241–245.

Dekan Ekkehart I. – Der ernte-reife Tod (973)

Dekan Ekkehart I. stirbt, betrauert vom Mitbruder Ymmo, als ernte-reifer Weinstock

Casus sancti Galli, Kap. 80, verfasst von Ekkehart IV. vor 1050, herausgegeben und übersetzt von Hans F. Haefele, in: Ausgewählte Quellen zur deutschen Geschichte des Mittelalters, Band 10, Darmstadt 1980, S. 169.

Abt Purchard I. – Der Tod als «Requies S. Galli» (975)

Purchard wird von seinen Eltern gezeugt, doch die Mutter stirbt vor des Kindes Niederkunft

Casus sancti Galli, Kap. 85, verfasst von Ekkehart IV. vor 1050, herausgegeben und übersetzt von Hans F. Haefele, in: Ausgewählte Quellen zur deutschen Geschichte des Mittelalters, Band 10, Darmstadt 1980, S. 175–177.

Abt Purchard bezieht einen Alterssitz an der Stelle des Haselstrauches des heiligen Gallus und erbaut dort die Galluskapelle

Casus sancti Galli, Kap. 122, verfasst von Ekkehart IV. vor 1050, herausgegeben und übersetzt von Hans F. Haefele, in: Ausgewählte Quellen zur deutschen Geschichte des Mittelalters, Band 10, Darmstadt 1980, S. 237–239.

Propst Chunibertus – Der betrauerte Tod (nach 976)

Propst Kunibert stirbt plötzlich nach dem Sturz vom Pferd

Casus sancti Galli, Kap. 127, verfasst von Ekkehart IV. vor 1050, herausgegeben und übersetzt von Hans F. Haefele (hier leicht berichtigt von J. Duft), in: Ausgewählte Quellen zur deutschen Geschichte des Mittelalters, Band 10, Darmstadt 1980, S. 247.

Der geblendete Mönch Victor – Der Tod des Eremiten (nach 991)

Ekkehart IV. entdeckt im Elsass das Grab des Eremiten Victor
Casus sancti Galli, Kap. 77 (hier gekürzt) und 78, verfasst von Ekkehart IV. vor 1050, herausgegeben und übersetzt von Hans F. Haefele, in: Ausgewählte Quellen zur deutschen Geschichte des Mittelalters, Band 10, Darmstadt 1980, S. 161–165.

Bischof Sankt Wolfgang – Der vorausgesagte Tod (994)

Sankt Otmar sagt dem Mönch Wolfgang die Zukunft und den Tod voraus
Vita sancti Wolfkangi, Kap. 122, verfasst von Otloh von Regensburg um 1050, übersetzt von Walter Gfeller, Das Leben des heiligen Wolfgang von Regensburg – Ein Wiegendruck aus Burgdorf 1475, in: Burgdorfer Jahrbuch 1988, S. 77–123, hier S. 95f.

Sankt Wolfgang stirbt in einer dem heiligen Otmar geweihten Kirche
Vita sancti Wolfkangi, Kap. 40, verfasst von Otloh von Regensburg um 1050, übersetzt von Walter Gfeller, Das Leben des heiligen Wolfgang von Regensburg – Ein Wiegendruck aus Burgdorf 1475, in: Burgdorfer Jahrbuch 1988, S. 77–123, hier S. 116f.

Abt Purchard II. – Der Tod durch Pest (1022)

Bericht in den Grösseren St.Galler Annalen
Annales Sangallenses maiores, zum Jahr 1022, herausgegeben von Carl Henking, in: Mitteilungen zur vaterländischen Geschichte, Heft 19, St.Gallen 1884, S. 306–308. Übersetzt von Johannes Duft.

Bericht in der Fortsetzung der Ekkehart'schen Klostergeschichten
Continuatio II casuum sancti Galli, Kap. 18, herausgegeben von Gerold Meyer von Knonau, in: Mitteilungen zur vaterländischen Geschichte, Heft 17, St.Gallen 1879, S. 30–35. Übersetzt von Johannes Duft.

Notker Labeo – Der öffentliche Tod (1022)

Der Bericht des Augenzeugen Ekkehart IV. über das Sterben seines Lehrers Notker III.
De aliis sincellitis amborum, in: Liber benedictionum (Codex 393 der Stiftsbibliothek), geschrieben von Ekkehart IV. nach 1022, Seiten 155/156. Wiedergegeben als Abbildungen 38 und 39 in Johannes Duft, Die Abtei St.Gallen, Band 2, Sigmaringen 1991, dazu S. 301. Hier oben die Übersetzung sowohl der Verse als auch der Glossen Ekkeharts in möglichst getreuer Verdeutschung von Johannes Duft.

Abt Heinrich von Klingen – Der Weg allen Fleisches (1204)

Abt Heinrich, ein getreuer Ökonom, geht den Weg allen Fleisches
Casuum sancti Galli continuatio, Kap. 1 (gekürzt), verfasst von Conradus de Fabaria um 1226/1234, herausgegeben und übersetzt von Charlotte Gschwind-Gisiger, Zürich 1989, S. 3–5.

Abt Ulrich von Sax – Der Tod in Not (1220)

Abt Ulrich von Sax, reichs- und kirchenpolitisch tätig, erleidet in grosser Not seinen Todeskampf
Casuum sancti Galli continuatio, Kap. 17 (gekürzt), verfasst von Conradus de Fabaria um 1226/1234, herausgegeben und übersetzt von Charlotte Gschwind-Gisiger, Zürich 1989, S. 43.

Abt Rudolf von Güttingen – Der Tod in Rom (1226)

Abt Rudolf, ein Verschwender, stirbt unversehens in Rom

Casuum sancti Galli continuatio, Kap. 19 und 20 (gekürzt), verfasst von Conradus de Fabaria um 1226/1234, herausgegeben und übersetzt von Charlotte Gschwind-Gisiger, Zürich 1989, S. 51.

Brudermord im Toggenburg – Der Tod aus Missgunst (1226)

Abt Konrad von Bussnang bestattet den Ermordeten und empfängt von dessen Vater die Toggenburg und die Stadt Wil

Casuum sancti Galli continuatio, Kap. 28–30 (gekürzt), verfasst von Conradus de Fabaria um 1226/1234, herausgegeben und übersetzt von Charlotte Gschwind-Gisiger, Zürich 1989, S. 73–77.

Abt Konrad stirbt und wird im Kloster Salem bestattet

Nüwe Casus Monasterii sancti Galli, verfasst von Christian Kuchimaister um 1335/1339, aus dem Mittelhochdeutschen in neuhochdeutsche Fassung übertragen von Ildefons von Arx, Geschichten des Kantons St.Gallen, 1. Band, St.Gallen 1810, S. 356f. (Orthographie hier leicht modernisiert).

Abt Berchtold von Falkenstein – Der Tod durch Eiterwunde (1272)

Abt Berchtold erleidet nach einem Leben voller Macht und Pracht einen schmerzlichen und schmählichen Tod

Nüwe Casus Monasterii sancti Galli, verfasst von Christian Kuchimaister um 1335/1339, aus dem Mittelhochdeutschen in neuhochdeutsche Fassung übertragen und bearbeitet von Ildefons von Arx, Geschichten des Kantons St.Gallen, 1. Band, St.Gallen 1810, S. 398ff. (Orthographie hier leicht modernisiert.)

Abt Ulrich Rösch – Gebete um guten Tod (1472)

Abt Ulrich stirbt nach tatkräftiger Wirksamkeit eines ehrenvollen Todes

Ildefons von Arx, Geschichten des Kantons St.Gallen, 2. Band, St.Gallen 1811, S. 432f. (Orthographie hier leicht modernisiert.)

Das Gebetbuch des Abtes Ulrich enthält Gebete um guten Tod

«Beten mit Bild und Wort» – Der Meditationszyklus... für den St.Galler Abt Ulrich Rösch, hrsg. von Peter Ochsenbein, Zollikon-Zürich 1996, 2. Band: Die Bilder mit den deutschen Gebeten, übertragen von Abt Georg Holzherr, S. 8/9, 96/97, 126/127.

Abt Franz Gaisberg – Der verheimlichte Tod (1529)

Abt Franz stirbt in aller Stille, sein Tod wird bis zur Wahl des Nachfolgers geheimgehalten

Ildefons von Arx, Geschichten des Kantons St.Gallen, 2. Band, St.Gallen 1811, S. 537ff. (Orthographie hier leicht modernisiert.)

Hinweise auf Literatur

Allgemeine Literatur

PHILIPPE ARIÈS, Studien zur Geschichte des Todes im Abendland. Aus dem Französischen von Hans-Horst Henschen, Paris bzw. München/Wien 1976.

ALOIS M. HAAS, Todesbilder im Mittelalter. Fakten und Hinweise in der deutschen Literatur, Darmstadt 1989. (Darin S. 50-86: Das mittelalterliche Sterbebrauchtum.)

KARL SCHMID und JOACHIM WOLLASCH (Hrsg.), Memoria – Der geschichtliche Zeugniswert des liturgischen Gedenkens im Mittelalter, München 1984. (Darin S. 79–199: Arnold Angenendt, Theologie und Liturgie der mittelalterlichen Todes-Memoria; S. 94ff. über den Reichenauer Mönch Wetti; S. 166 und 185f. über Notker und Wolo.)

ARNO BORST u.a. (Hrsg.), Tod im Mittelalter, Konstanz 1993. (Darin S. 25–58: A. Borst, Ein exemplarischer Tod – Hermann der Lahme, †1054.)

MARKUS J. WENNINGER (Hrsg.), «der guote tôt». Sterben im Mittelalter – Ideal und Realität (Schriftenreihe der Akademie Friesach, Band 3), Klagenfurt 1998.

Quellen zu St.Gallen

Casus sancti Galli

RATPERT, De origine et diversis casibus monasterii sancti Galli, hrsg. von Gerold Meyer von Knonau, in: Mitteilungen zur vaterländischen Geschichte, hrsg. vom Historischen Verein, Heft 13, St.Gallen 1872.

EKKEHART IV., Casus sancti Galli – St.Galler Klostergeschichten, hrsg. und übersetzt von Hans F. Haefele, in: Ausgewählte Quellen zur deutschen Geschichte des Mittelalters, Band 10, Darmstadt 1980 (3. Auflage ebd. 1991).

EKKEHART IV., Der Liber Benedictionum Ekkeharts IV, nebst den kleinern Dichtungen aus dem Codex Sangallensis 393, hrsg. von Johannes Egli, in: Mitteilungen zur vaterländischen Geschichte, Band 31, St.Gallen 1900.

CONTINUATIO II casuum sancti Galli, hrsg. von Gerold Meyer von Knonau, in: Mitteilungen zur vaterländischen Geschichte, Heft 17, St.Gallen 1879.

HEIDI LEUPPI, Casuum Sancti Galli Continuatio Anonyma. Textedition und Übersetzung, Zürich 1987.

CONRADUS DE FABARIA, Casuum sancti Galli continuatio – Die Geschicke des Klosters St.Gallen 1204–1234, hrsg. und übersetzt von Charlotte Gschwind-Gisiger, Zürich 1989.

CRISTÂN DER KUCHIMAISTER, Nüwe Casus Monasterii Sancti Galli. Edition und sprachgeschichtliche Einordnung von Eugen Nyffenegger (Quellen und Forschungen zur Sprach- und Kulturgeschichte der germanischen Völker, Neue Folge, Band 60), Berlin/ New York 1974.

EBERHARD URL, Das mittelalterliche Geschichtswerk «Casus sancti Galli». Eine Bestandesaufnahme, in: 109. Neujahrsblatt, hrsg. vom Historischen Verein, St.Gallen 1969.

ANNALES Sangallenses maiores, hrsg. von Carl Henking, in: Mitteilungen zur vaterländischen Geschichte, Heft 19, St.Gallen 1884.

Vitae Sanctorum

KRUSCH, BRUNO (Hrsg.), VITA COLUMBANI abbatis et discipulorum eius libri duo auctore Iona, in: Monumenta Germaniae Historica, Scriptores rerum Merowingicarum, tom. IV, Hannover/Leipzig 1902, S. 1–156.

KRUSCH, BRUNO (Hrsg.), Vita Galli confessoris triplex, in: Monumenta Germaniae Historica, Scriptores rerum Merowingicarum, tom. IV, Hannover/Leipzig 1902, S. 229–337.

WALAFRID STRABO, Vita sancti Galli, hrsg. und übersetzt von Camilla Dirlmeier, durchgesehen von Klaus Sprigade, in: Quellen zur Geschichte der Alamannen III (Heidelberger Akademie der Wissenschaften, Kommission für Alamannische Altertumskunde, Schriften Band 5), Heidelberg/Sigmaringen 1979.

ILDEFONS VON ARX (Hrsg.), Walafridi liber de vita sancti Otmari abbatis, Ysonis de miraculis libri II, in: Monumenta Germaniae Historica, Scriptores, tom. II, Hannover 1829, S. 44–54.

GOZBERT UND WALAFRID STRABO, Vita sancti Otmari, hrsg. und übersetzt von Johannes Duft, in: Sankt Otmar. Die Quellen zu seinem Leben, Bibliotheca Sangallensis, Bd. 4, Zürich/Lindau/Konstanz 1959.

VITAE SANCTAE WIBORADAE, Die ältesten Lebensbeschreibungen der heiligen Wiborada. Einleitung, kritische Edition und Übersetzung von Walter Berschin, in: Mitteilungen zur vaterländischen Geschichte, Bd. 51, St.Gallen 1983.

Literatur zu St.Gallen

Zu den Heiligen

GEORG HOLZHERR, Die Benediktsregel – Eine Anleitung zu christlichem Leben. Der vollständige Text der Regel, übersetzt und erklärt, Zürich/Einsiedeln/Köln 1980.

JOHANNES DUFT, St.Columban in den Handschriften der Stiftsbibliothek St.Gallen, in: Die Abtei St.Gallen, Bd. 1, Sigmaringen 1990, S. 77–89.

JOHANNES DUFT, Sankt Gallus-Gedenkbuch. Zur Erinnerung an die Dreizehnhundert-Jahr-Feier vom Tode des hl. Gallus, St.Gallen 1952.

WALTER BERSCHIN, Gallus abbas vindicatus, in: Historisches Jahrbuch der Görres-Gesellschaft, 95. Jg., München 1975, S. 257–277.

JOHANNES DUFT, St.Gallus in seiner Kapelle. Das Gallusleben als barocker Bilderzyklus in der Galluskapelle zu St.Gallen, St.Gallen 1996.

JOHANNES DUFT, Sankt Otmar in Kult und Kunst. Buchausgabe des 106. und 107. Neujahrsblattes, hrsg. vom Historischen Verein, St.Gallen 1966.

Das Bistum Konstanz, in: Helvetia Sacra, Abt. I, Bd. 2, 1.Teil, Basel/Frankfurt a.M. 1993, S. 244f. (zu Bischof Sidonius).

ADOLF FÄH, Die hl. Wiborada, Jungfrau und Martyrin, 2 Bändchen, St.Fiden/St.Gallen 1926.

EVA IRBLICH, Die Vitae Sanctae Wiboradae. Ein Heiligenleben des 10. Jahrhunderts als Zeitbild. Sonderdruck aus den Schriften des Vereins für Geschichte des Bodensees, 88. Heft, Friedrichshafen/St.Gallen 1970.

JOHANNES DUFT und TIBOR MISSURA, Die Ungarn in Sankt Gallen – Magyarok Szent Gallenben. Mittelalterliche Quellen. Zweisprachige Ausgabe (deutsch/ungarisch), St.Gallen/Budapest 1992.

Otloh von Regensburg, Vita sancti Wolfkangi, übersetzt von Walter Gfeller, Das Leben des heiligen Wolfgang von Regensburg (Ein Wiegendruck aus Burgdorf 1475), in: Burgdorfer Jahrbuch 1988.

Rudolf Zinnhobler, Der heilige Wolfgang. Leben, Legende, Kult, mit Aufnahmen von Peter und Wolfgang Pfarl, Linz 1975.

Gerold Hilty, Gallus und die Sprachgeschichte der Nordostschweiz, St.Gallen 2001.

Zur Klostergeschichte

Johannes Duft, Anton Gössi, Werner Vogler, Die Abtei St.Gallen: Abriss der Geschichte – Kurzbiographien der Äbte – Das stift-st.gallische Offizialat, Sonderdruck aus Helvetia Sacra III/l, St.Gallen 1986.

Johannes Duft, Die Abtei St.Gallen, Band 1: Beiträge zur Erforschung der Manuskripte, hrsg. von Peter Ochsenbein und Ernst Ziegler. Band 2: Beiträge zur Kenntnis ihrer Persönlichkeiten, Band 3 : Beiträge zum Barockzeitalter, Sigmaringen 1990/1991/1994.

Michael Borgolte, Dieter Geuenich, Karl Schmid, Subsidia Sangallensia I: Materialien und Untersuchungen zu den Verbrüderungsbüchern und zu den älteren Urkunden des Stiftsarchivs St.Gallen (St.Galler Kultur und Geschichte, Band 16), St.Gallen 1986.

Silvio Bucher, Die Pest in der Ostschweiz, in: 119. Neujahrsblatt, hrsg. vom Historischen Verein, St.Gallen 1979.

Franz Perret und Werner Vogler, Die Abtei Pfäfers: Abriss der Geschichte – Kurzbiographien der Äbte. Sonderband aus Helvetia Sacra III/l, St.Gallen 1986.

Josef Hemmerle, Niederaltaich, in: Die Benediktinerklöster in Bayern (Germania Benedictina, Band II), Ottobeuren/Augsburg 1970, S. 188–197.

Zu den Manuskripten

Gustav Scherrer, Verzeichnis der Handschriften der Stiftsbibliothek von St.Gallen, Halle 1875.

Albert Bruckner, Scriptoria medii aevi Helvetica – Denkmäler schweizerischer Schreibkunst des Mittelalters, 2. und 3. Band, Genf 1936 und 1938.

Alfred A. Schmid, Die Buchmalerei des XVI. Jahrhunderts in der Schweiz, Olten 1954.

Karl Schmuki, Peter Ochsenbein, Cornel Dora, Cimelia Sangallensia. Hundert Kostbarkeiten aus der Stiftsbibliothek St.Gallen, St.Gallen 1998 (^{2}2000).

Zu den Notkeren und Ekkeharten

Wolfram von den Steinen, Notker der Dichter und seine geistige Welt. Darstellungs- und Editionsband, Bern 1948 (^{2}1978).

Hans F. Haefele, Notker Balbulus, Die deutsche Literatur des Mittelalters, in: Verfasserlexikon, Band 6, Berlin/New York ^{2}1987, Sp. 1185–1210.

Elmar Lechner, Vita Notkeri Balbuli. Geistesgeschichtlicher Standort und historische Kritik. Ein Beitrag zur Erforschung der mittelalterlichen Hagiographie, in: Mitteilungen zur vaterländischen Geschichte, Band 47, St.Gallen 1972.

Erika-Anette Koeppel, Das Leben des heiligen Notker von Konrad Haller (1522). Edition mit Einleitung, in: Göppinger Arbeiten zur Germanistik, Nr. 359, Göppingen 1983.

JOHANNES DUFT, Notker der Arzt, Klostermedizin und Mönchsarzt im frühmittelalterlichen St.Gallen, Buchausgabe des 112. Neujahrsblattes des Historischen Vereins, St.Gallen 1972 (²1975).

STEFAN SONDEREGGER, Notker III. von St.Gallen, in: Verfasserlexikon, Band 6, Berlin/New York ²1987, Sp. 1212–1236.

JOHANNES DUFT, Wesenszüge der Persönlichkeit Notkers des Deutschen, in: Verborum Amor (Festschrift Stefan Sonderegger), hrsg. von Harald Burger, Alois M. Haas und Peter von Matt, Berlin/New York 1992, S.185–200.

PETER STOTZ, Ekkehard I. von St.Gallen, in: Verfasserlexikon, Band 2, Berlin/New York ²1980, Sp. 447–453.

HANS F. HAEFELE, Untersuchungen zu Ekkehards IV. Casus sancti Galli, 2 Teile, in: Deutsches Archiv für Erforschung des Mittelalters, 17. Jg., Köln/Wien 1961, S. 145–190; 18. Jg., 1962, S. 120–170.

Ders., Zum Aufbau der Casus sancti Galli Ekkehards IV., in: Typologia Litterarum (Festschrift Max Wehrli), Zürich/Freiburg i.Br. 1969, S. 155–166.

Ders., Ekkehard IV. von St.Gallen, in: Verfasserlexikon, Band 2, Berlin/New York ²1980, Sp. 455–465.

ISO MÜLLER, Ekkehard IV. und die Rätoromanen, in: Studien und Mitteilungen zur Geschichte des Benediktinerordens, 82. Band, Ottobeuren 1971, S. 271–288 (zu Mönch Victor in St.Gallen).

Zu den Mönchen und Äbten

FIDEL RÄDLE, Ratpert von St.Gallen O.S.B., in: Verfasserlexikon, Band 7, Berlin/New York ²1989, Sp. 1032–1035.

JOHANNES DUFT, Der Lehrer Iso (+871), in: Die Abtei St.Gallen, Band 2: Beiträge zur Kenntnis ihrer Persönlichkeiten, Sigmaringen 1991, S. 73–117.

HANS F. HAEFELE, Wolo cecidit. Zur Deutung einer Ekkehard-Erzählung, in: Deutsches Archiv für Erforschung des Mittelalters, 35. Jg., Köln/Wien 1979, S. 17–32.

WERNER VOGLER (Hrsg.), Ulrich Rösch, St.Galler Fürstabt und Landesherr. Beiträge zu seinem Wirken und zu seiner Zeit, St.Gallen 1987.

PETER OCHSENBEIN (Hrsg.), Beten mit Bild und Wort. Der Meditationszyklus der Hildegard von Bingen nach der Handschrift für den St.Galler Abt Ulrich Rösch, Codex Einsidlensis 285, mit Beiträgen von Anton von Euw, Georg Holzherr, Gregor Jäggi, Zollikon 1996.

Kurzbiographien aller St.Galler Äbte: siehe oben «Zur Kloster-Geschichte»: J. DUFT, A. GÖSSI, W. VOGLER, Die Abtei St.Gallen, St.Gallen 1986.

Zum Tod Mariens

Zum Bild in der St.Galler Klosterkirche: PETER OCHSENBEIN, Ein spätgotisches Marienbild kehrt in die St.Galler Klosterkirche zurück, in: Die Ostschweiz, 115. Jg., Nr. 186, St.Gallen 12. 8.1989.

Zur Baugeschichte (spätgotischer Chor und Bildersturm): AUGUST HARDEGGER, SALOMON SCHLATTER, TRAUGOTT SCHIESS, Die Baudenkmäler der Stadt St.Gallen, St.Gallen 1922, S. 92–102.

ERWIN POESCHEL, Die Kunstdenkmäler des Kantons St.Gallen, Bd. III/2: Das Stift, Basel 1961, S. 47-51.

Zum Marientod: KARL KÜNSTLE, Ikonographie der christlichen Kunst, 1. Bd., Freiburg i. Br. 1928, S. 563–583 (Tod und Verherrlichung Mariens). – Lexikon der Kunst, Leipzig 1992, S. 554f. (Marientod).

REMIGIUS BÄUMER, LEO SCHEFFCZYK, Marienlexikon, 6. Bd., St.Ottilien 1994, S. 436–442 (Tod Mariens).

Zum Evangelistarium Codex 368: BERND KONRAD, Rudolf Stahel und seine Werkstatt, in: Jahrbuch der Staatlichen Kunstsammlungen in Baden-Württemberg, 26. Bd., 1989, S. 70, 73f., Abb. 28–30. – JOHANNES DUFT, Die Abtei St.Gallen, Bd. III, Sigmaringen 1994, S. 272f.

Zum Elfenbein Tuotilos: JOHANNES DUFT, RUDOLF SCHNYDER, Die Elfenbein-Einbände der Stiftsbibliothek St.Gallen (Kult und Kunst, 7. Bd.), Beuron 1984, S. 55–93, 157–160.

Zum «Media vita»

ANSELM SCHUBIGER O.S.B., Die Sängerschule St.Gallens vom achten bis zwölften Jahrhundert. Ein Beitrag zur Gesanggeschichte des Mittelalters, Einsiedeln/New York 1858 (S. 54).

ROMAN BANNWART O.S.B., Media Vita, in: Maria Einsiedeln, 68. Jg., Einsiedeln 1963, S. 500–504.

JOHANNES DUFT, Deutschsprachige geistliche Barockdichtung von P. Anton Widenmann (1597–1641) in der Abtei St.Gallen (Bibliotheca Sangallensis, 10. Band), Sigmaringen 1999, S. 103–107, S. 194.

Zu den Bildern

Zum Einleitungsbild (Seite 8)

Beweinung Christi: Titelminiatur im liturgischen Directorium für Abt Franz Gaisberg, Codex 533, S. 4, in der Stiftsbibliothek St.Gallen, gemalt um 1517 von Niklaus Bertschi, aus Rorschach, Miniaturist in Augsburg.

Dazu Alfred A. Schmid, Die Buchmalerei des XVI. Jahrhunderts in der Schweiz, Olten 1954, S. 24ff., 147f.

Zu den Bildern im Hauptteil des Buches (Seiten 28–31)

Kolorierte Federzeichnungen der St.Galler Äbte: Kleine Randzeichnungen von Caspar Hagenbuch in der von Wolfgang Fechter 1549 geschriebenen Kopie der Vadian-Chronik, Handschrift Band 677a im Stadtarchiv (Vadiana) St.Gallen.

Dazu Ernst Ziegler, Kostbarkeiten aus dem Stadtarchiv St.Gallen in Abbildungen und Texten, St.Gallen 1983, S. 68–71.

Zu den Bildern vom Tod Mariens (Seiten 113–116)

Ein Thema – in drei zeittypischen Varianten: um 1523 in der St.Galler Klosterkirche, um 1470/80 im Codex 368 und um 894 im Codex 53 der Stiftsbibliothek St.Gallen.

Dazu Remigius Bäumer und Leo Scheffczyk, Marienlexikon, 6. Bd., St.Ottilien 1994, S. 436–442.

Zu den Bildern im Nachwort (Seiten 143–146)

Ein christologischer Bilderzyklus in vier kolorierten Federzeichnungen von Hartkerus, Reclusus in der ehemaligen Klause der Bertrada in St.Georgen-St.Gallen, um 993–997, im Antiphonarium Codices 390/391 der Stiftsbibliothek St.Gallen, ein Meisterwerk in Schrift, Neumen und Zierseiten.

Dazu Karl Schmuki, Peter Ochsenbein und Cornel Dora, Cimelia Sangallensia, St.Gallen 1998, S. 118/119.

Edition: Jacques Froger, moine de Solesmes, Antiphonaire de Hartker, Ms. 390/391. In : Paléographie musicale, 2ème série, Berne ²1970.

Ein Dankeswort

Zum guten Ende dieses Buches, das über das Lebensende mir vertrauter historischer Persönlichkeiten berichtet und mich selber in hohem Alter auf das eigene Lebensende vorbereitet, darf ich aus bewegtem Herzen meinen vielfachen Dank entbieten. In erster Hinsicht richtet er sich an die zwar oft undurchsichtige und doch unentbehrliche Vorsehung Gottes. Sie bestärkte mich in schwerer Zeit, an meinen «tröstlichen Geschichten vom Sterben im mittelalterlichen Galluskloster» festzuhalten und so in gewissem Sinn mein geistliches Testament vom «Tod, der in den Augen des Herrn kostbar» ist, zu schreiben. Dass mein Buchprojekt zur leserfreundlichen Gestaltung gedieh, habe ich fördernden Kollegen und Freunden zu verdanken, zuallererst meinem zweiten Nachfolger als Stiftsbibliothekar, Professor Dr. Ernst Tremp, sowie dem stellvertretenden Stiftsbibliothekar, Dr. Karl Schmuki, die mein Buch in die Veröffentlichungen der Stiftsbibliothek im «Verlag am Klosterhof» aufnahmen und dafür die Bibliothekskommission des Katholischen Administrationsrates mit dem Präsidenten Dr. Hardy Notter zu gewinnen vermochten. Sie kam für die beträchtlichen Kosten der Drucklegung und der Illustrierung auf. Daran beteiligte sich die Ortsbürgergemeinde St.Gallen mit ihrem Stadtarchiv unter der Leitung meines Freundes PD Dr. Ernst Ziegler. Infolge solcher entscheidender Subventionierung bleibt mein eigener Beitrag in höchst erträglichem Mass. Neben den nun namentlich angeführten Freunden und Helfern richtet sich mein Dank an den mir seit manchem ähnlichen Projekt vertrauten Buchgestalter Hans-Peter Kaeser. «Libro completo / saltat scriptor pede laeto» – so lautet ein Schreiberspruch aus dem 14. Jahrhundert im Codex 1019 der St.Galler Stiftsbibliothek. Joseph Victor von Scheffel verdeutschte ihn in seinem «Ekkehard» also: «Ist das Buch zu End gebracht / der Schreiber einen Freudsprung macht» – was im 88. Lebensjahr allerdings nur noch geistigerweise gelingt.

Johannes Duft

Gestaltung und Satz: Atelier Hans-Peter Kaeser, St.Gallen
Lithos: LithoScan AG, St.Gallen
Druck: Ostschweiz Druck AG, Kronbühl
Einband: Buchbinderei Eibert AG, Eschenbach
ISBN 3-906616-54-1

BIBLIOTHECA SANGALLENSIS

Herausgegeben von Johannes Duft

Erster Band (vergriffen)
Johannes Duft · Die Ungarn in St.Gallen
Mittelalterliche Quellen zur Geschichte des ungarischen Volkes
in der Stiftsbibliothek St.Gallen
80 Seiten · 12 Tafeln

Zweiter Band
Johannes Duft · Weihnacht im Galluskloster
Bilder und Texte aus der Stiftsbibliothek St.Gallen
3. Auflage · 84 Seiten · 20 Tafeln · ISBN 3-7995-3002-9

Dritter Band
Johannes Duft · Der Bodensee in St.Galler Handschriften
Texte und Miniaturen aus der Stiftsbibliothek St.Gallen
4. Auflage · 133 Seiten · 14 Tafeln · ISBN 3-7995-3008-8

Vierter Band (vergriffen)
Johannes Duft · St.Otmar
Die Quellen zu seinem Leben. Lateinisch und Deutsch
96 Seiten · 10 Tafeln

Fünfter Band
Die Stiftsbibliothek Sankt Gallen
Der Barocksaal und seine Putten
4. Auflage · 91 Seiten · 28 Tafeln · ISBN 3-7995-3005-3

Sechster Band (vergriffen)
Stefan Sonderegger · Althochdeutsch in Sankt Gallen
Ergebnisse und Probleme der althochdeutschen Sprachüberlieferung
in St.Gallen vom 8. bis ins 12. Jahrhundert
184 Seiten · 20 Tafeln · ISBN 3-7995-3006-1

Siebter Band (vergriffen)
Stefan Sonderegger · Schatzkammer deutscher Sprachdenkmäler
Die Stiftsbibliothek St.Gallen als Quelle
germanistischer Handschriftenerschließung
216 Seiten · 20 Tafeln · ISBN 3-7995-3007-x

Achter Band
Johannes Duft · Klosterbruder Gabriel Loser
Sein Anteil an den Barockbauten des Stiftes Sankt Gallen
84 Seiten · 20 Tafeln · ISBN 3-7995-3009-1

Neunter Band
Johannes Duft · Die Lebensgeschichten der Heiligen Gallus und Otmar
Aus den lateinischen Viten übersetzt
84 Seiten · 20 Tafeln · ISBN 3-7995-3000-2

Zehnter Band
Johannes Duft · Deutschsprachige geistliche Barockdichtung
von P. Anton Widenmann (1597–1641) in der Abtei St.Gallen
198 Seiten · 12 Tafeln · ISBN 3-7995-3001-0

Bestellungen sind zu richten an:

Rösslitor-Bücher, Webergasse 5, CH-9001 St.Gallen